精益实践

精益物流

MAKING
MATERIALS
FLOW

[美] 瑞克·哈里斯（Rick Harris）
克里斯·哈里斯（Chris Harris） 著
厄尔·威尔逊（Earl Wilson）

精益企业管理咨询（上海）有限公司 译

人民东方出版传媒
People's Oriental Publishing & Media
东方出版社
The Oriental Press

图书在版编目（CIP）数据

精益物流 /（美）瑞克·哈里斯（Rick Harris），（美）克里斯·哈里斯（Chris Harris），（美）厄尔·威尔逊（Earl Wilson）著；精益企业管理咨询（上海）有限公司 译.—北京：东方出版社，2023.7
（精益实践）
书名原文：Making Materials Flow
ISBN 978-7-5207-2684-9

Ⅰ.①精… Ⅱ.①瑞…②克…③厄…④精… Ⅲ.①物流管理 Ⅳ.①F252.1

中国版本图书馆 CIP 数据核字（2022）第 039664 号

Making Materials Flow
Copyright© 2011 by LEI
All rights reserved.
This edition published by arrangement with LEC.

中文简体字版专有权属东方出版社
著作权合同登记号 图字：01-2021-5842号

精益物流
（JINGYI WULIU）

作　　者：	〔美〕瑞克·哈里斯（Rick Harris）〔美〕克里斯·哈里斯（Chris Harris）〔美〕厄尔·威尔逊（Earl Wilson）
译　　者：	精益企业管理咨询（上海）有限公司
责任编辑：	申　浩
出　　版：	东方出版社
发　　行：	人民东方出版传媒有限公司
地　　址：	北京市东城区朝阳门内大街 166 号
邮　　编：	100010
印　　刷：	北京联兴盛业印刷股份有限公司
版　　次：	2023 年 7 月第 1 版
印　　次：	2023 年 7 月第 1 次印刷
开　　本：	880 毫米 × 1230 毫米　1/32
印　　张：	5.25
字　　数：	95 千字
书　　号：	ISBN 978-7-5207-2684-9
定　　价：	49.00 元
发行电话：	（010）85924663　85924644　85924641

版权所有，违者必究
如有印装质量问题，我社负责调换，请拨打电话：（010）85924602　85924603

推荐序一

质量是企业的生命,精益是企业提质增效的有效工具,为企业管理转型升级提供了清晰路径。精益既可以指导企业的经营生产,也可以助力企业的设计研发,精益管理涉及企业管理的方方面面,对于企业发展具有重要意义。

中国有 4000 多万家各类企业,中小微企业占比超过 95%,广大中小企业经过多年的发展,产品研发、质量管控、经营管理水平都有了很大的提升,为我国的经济发展、劳动就业、科技进步、社会稳定做出了巨大贡献。但不容否认的是,我国的广大中小企业是在改革开放后的几十年间迅速诞生、成长、发展起来的,是从物资短缺中走过来的,是很多本来没有做过工业或没有受过系统工业化训练的人逐渐摸索着做起来的。因此，在我们的一些企业中，难免或必然存在着粗放、浪费、品质差、质量低、成本高等不良现象，尤其是与日本、德国等企业管理较为系统、成熟、精细的国家相比，我们确实还有不小的差距。为此，国家制定了《"十四五"促进中小企业发展规划》，其中明确提出了九项重点工程，而中小企业质量品牌提升工程即为其中之一。中小企业应利用好政策的优势，借鉴国内外成功企业在质量管理和质量技术方法推广应用方面的经验，做好引进、消化和吸收，让好的方法为我所用，实现自身的良性发展，是一条较为符合我国实际的策略。而精益管理，正是这样一种适合广大企业学习运用且行之有效的方法。

《中华人民共和国国民经济和社会发展第十四个五年规划和2035年远景目标纲要》明确提出，要"实施领航企业培育工程，培育一批具有生态主导力和核心竞争力的龙头企业。推动中小企业提升专业化优势，培育专精特新'小巨人'企业和制造业单项冠军企业"。国家大力倡导培育"专精特新"企业，其中的"精"是指"精细化"，而精益的理念刚好契合了精细化的概念。对于企业如何去做精细化管理，实现精细化目标，精益管理提供了答案。从这个角度来看，实施精益管理既符合企业自身发展的需求，也符合国家促进中小企业良好发展的期望。

我们认为，虽然精益管理的理念及方法首先诞生于日本，有些方面或许与我国的企业管理理念有所区别，但这并不妨碍我们学习和借鉴；虽然精益管理诞生于上世纪，而随着这些年来工业领域的智能制造、数字化、工业互联网、物联网、供应链等技术的突飞猛进，为一些具体操作工具也插上了信息化的翅膀，作为一种系统的管理思想和方法，对于一些中小企业而言仍具有较高的实践价值。

我们理解，精益管理首先是一种思想、观念、意识，即作为企业管理者，在思想上要始终树立降低成本、减少浪费、持续改进、不断优化、提高质量、提升价值的意识，要认识到改进生产工艺流程无穷期、降低价值链上的各种成本费用无止境、提高产品质量无尽头、提升产品价值无终点。其次，精益管理是一个体系、系统、网络、链条，是一个企业全方位、全流程、全员都囊括其中、所有人要参与的全体行动，不是零星、局部、个别环节、某个人的单一行为。这就是说，精益管理必须整体动员，从企业高层到基层，从前端的原材料供应到后端的产成品交付及客户服务，从物资到厂房、机器设备再到资金以及人力资源等所有要素，都要纳入精益管理的系统之内，协同行动，才能将精益做好。最后，精益管理是通过一系列原则、标准、方法等具体工具实施的，是实践、行动和具体工作，其中涵盖了很多科学管理方法，如戴明环、流程图、六西格玛、价值流图，以及若干数据分析、看板、图、表等具有特殊功能的管理手段。所以说，精益管理需要掌握这些原则，学习这些方法，并具体投入实践才行。

为了更好地推广精益思想，培育精益管理人才，精益企业中国（Lean Enterprise China, LEC）将《精益术语汇编》《均衡生产》《综观全局》《创建连续流》《精益物流》《建立一个精益的供需系统》这套在国外久负盛名的精益工具书引入中国，在国内翻译出版。这套书的引进，有利于在广大中小企业中培养一批懂精益、用精益的高水平质量人才队伍，为广大质量工作者学习精益提供帮助，同时，也必然有利于助力广大中小企业走专精特新之路，让企业更有生命力、竞争力和发展力，助力企业整体运行的质量提升。我们衷心希望，在全社会重视质量、发展质量、提升质量的大背景下，精益管理在建设质量强国的道路上能发挥更大作用！

宁金彪

中国中小企业协会副会长

推荐序二

书如其名,《精益物流》目的是让计划和执行工厂内物料补给流动起来,包括原材料和外购零件,以支援"连续流"的生产方式。

当今制造公司为了获得竞争优势,往往把重心放在关键技术领域,其他需要的材料和零件大多向外采购。为了确保物料补给准时到位,本书教导读者如何为每一个材料和零件做好进货和入库的管理计划(Plan For Every Part, PFEP);建立一个先进先出的外购件超市,以最小库存保障平稳供货的要求;以及设计有效的运输路线和信息流管理。以上三项是让物料流动起来的基本功。

企业的物流制度建立后，本着稳定生产的要求，维持每天的平稳输出。一旦生产过程稳定，再根据实际情况和外部环境，逐步调整采购频率、超市库存量的上下限、供应路线，以及送货频次等，持续改善，减少在制品库存。

华尔推剪宁波公司实施精益物流数年来成绩斐然。从过去半个车间里堆满外购件库存，以及不定时向生产线补货的情况，改进到如今：原来摆放在车间的库存都移到生产线边，大部分供应商每 2 小时直接送货到生产线边；远程供应商的进货则设置超市，由内部物流团队每 2 小时补给送货一次。空余出来的生产车间回归制造用途，充分发挥企业资产效益，创造利润。鉴于华尔团队的努力，我特别邀请其物流经理黄凯和他的团队来审校本书翻译稿，用生产线的语言为读者提供易读易懂的知识和方法。

感谢 LEC 历年的精益团队，许丽的翻译，武萌、张晓光、郦宏的校对，以及丁少磊安排印刷事宜；伟创力电子公司（Flextronics）15 年前慷慨赞助印刷第一版的参考资料。LEC

感恩与东方出版社合作，出版这套精益工具丛书，并承中国中小企业协会作序推荐；华尔推剪宁波公司总经理钱模星先生为《精益物流》写序。希望这套工具书能为中国企业和个人学习精益管理提供实用的方法步骤，帮助企业落实精益生产，提升效益，增强竞争力。

赵克强博士

精益企业中国总裁

2021 年 10 月

推荐序三

应精益企业中国总裁赵克强博士邀请，为《精益物流》再版作序，甚感战战兢兢、如履薄冰。华尔推剪宁波公司由10年前的作坊式模式转型到精益模式，进而迈向精益幸福企业实践的征程，积极践履如何将中华优秀传统文化之"道"与西方现代管理之"术"有机融合，愿为探寻中小制造型企业管理模式创新起抛砖引玉的作用。这一路走来，赵博士是华尔推剪成长过程中的引路人和见证人。

就像《精益物流》书中所写，华尔物流管理的凤凰涅槃经历了精益变革的诸多心路历程：从传统孤岛式仓库到水蜘蛛中央供料再到线边超市模式，从计件式推动生产到单元标准化拉动生产模式，从"价格是王道"的批量采购到现在"小批量多批次"供料模式，每一次变革既是拨开乌云见明月的过程，又是守得云开见月明之喜悦。忆往事，所有团队成员的积极参与、挑战突破、智慧付出让我至今难以忘怀与无比感恩！

转型前，走进生产车间，员工被包围在成堆产品（原材料、在制品、成品）中，孤岛式埋头作业、过量生产导致物料堆积如山。仓库则是传统式的高货架定位管理模式，每种仓库都有专属管理员，作业全凭经验、管理各自为政。在内部物料交接收发过程中，每天由于数量差异、账物不符等导致扯皮乃至争执络绎不绝，从而耗费了大量心力和管理资源。仓库与车间之间高墙阻隔、铁将军把门，物流、信息流丝毫不能流动。"流水不腐，户枢不蠹"，这种传统管理模式势必造成物料周转箱经常紧缺、仓库面积不断扩容，生产停工待料频发，质量体系无法运行，生产现场异常不断，运营成本居高不下，客户交期无法准时。

山穷水复疑无路，柳岸花明又一村。责任式领导的核心职责莫过于"引领变革、渡人之心"，全体华尔推剪人坚信变革是获得重生的必由之路，也是助力成长的终南捷径！在精益物流变革路线图的指引下，经过华尔推剪人不懈的努力，物流运作系统发生了天翻地覆的变化：用流利式货架取代了传统高、中型货架，建立了工单物料线边超市，原零部件仓库逐步废除；用类似于"小火车"的灵活工具取代叉车加卡板运输物料，大大减少了物料搬运次数，缩短了运输距离；供应商来料90%去纸箱化，工厂内部物料实施拉动式生产，现场库存量减少了60%以上；通过现场自主改善，取消预加工生产线，将前置加工半成品库存降为0，实现了工厂内端到端一站式供料模式。仓库腾出了70%的面积用于生产产能扩充；调整了25%的物料人员转岗到其他部门或重要岗位，取得了学为人师、行为示范的效果。

  人只有在变中求不变，天下难事必作于易，天下大事必作于细。华尔推剪物流变革，虽算不上举步维艰，但每个成员知耻而后勇；在实践中突破，在突破中创新。首先是高层管理者在每天"GEMBA WALK"（现场走动管理）活动中始终秉承"去现场观察、提出正确问题、与下属一起工作、认可和鼓励"四大原则培养员工如何通过"精益眼睛"洞察现场异常问题，从而造就员工快速现场解决异常问题的能力。上有好者，下必甚焉。从当初员工的不理解，到理解认可，到积极参与，到勇于担当，再到自主改善，这一切都是自觉觉他、己达达人、教学相长的历程。其次是PFEP的实施，前期设计过程中通过PFEP标准物料的相关要求，直接减少或消除后端的异常，保证正常供料。再次是各种精益改善工具在变革过程中的运用，加强团队成员的物料节拍意识、日常物料管理技能。最后是"人文精益"活动开展，迸发出很多 OPI、QCC、Kaizen 最佳实践案例，呈现出"开心精益、快乐改善"的企业文化及幸福和谐、进取谦逊的组织氛围。

着眼未来，华尔推剪精益物流改善下一目标聚焦将价值流从制造端到经销端到用户端的流动和拉动，本着"以小浪费换取大浪费"原则，降低物流环节中的诸多浪费（搬运、拆解、点收、转移等）的基础，打造精益物流配送中心，实现客户、华尔推剪、供应商共赢！

在此，感谢我的团队，他们总是乐意接受并超出预期完成我提出的具有挑战性的目标，也正是这样一支众志成城的团队，造就了华尔推剪转型成功！道阻且长，行则将至！让我们共同期待下回心得分享！

感谢赵博士给予华尔推剪的指导和团队成长的机会！

钱模星

华尔推剪宁波公司总经理

2021 年 9 月

目 录
Contents

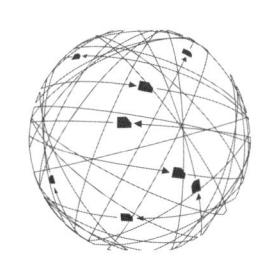

自序 / 001

第一部分 开始动手 / 005

Apex 回顾 / 007

欢迎来到 Apex 输油管公司 / 007

连续流的生产单元并没有真正实现连续流 / 012

生产单元的多余库存 / 016

精益物流系统的目标 / 018

生产管控部门的主要职责 / 020

4 个步骤 / 023

第二部分 为每个零件做计划（PFEP） / 027

为每个零件做计划（PFEP） / 029

问题一：PFEP 应该包括哪些信息？ / 030

如何完成 PFEP　/ 031

问题二：如何维护 PFEP？　/ 034

第三部分　建立一个外购件超市　/ 039

建立一个外购件超市　/ 041

问题三：外购件超市设置在哪里？　/ 041

问题四：每种零件应该在超市存储多少数量？应该为每种零件规划多大的存储空间？　/ 043

确定最高库存量　/ 044

计算包装容器的数量　/ 048

问题五：如何运作外购件超市？　/ 052

第四部分　规划物流配送路径和信息管理系统　/ 071

规划物流配送路径和信息管理系统　/ 073

问题六：如何将零件由外购件超市配送至生产单元？　/ 074

问题七：生产单元如何向外购件超市发出补料信号？何时配送零件，该配送多少？　/ 088

问题八：物料系统如何运作？　/ 102

扩大物流路径，提升物料处理效率　/ 111

将精益物流系统推广全厂范围　/ 117

第五部分　保持成果并持续改善　/ 121

保持成果并持续改善　/ 123

问题九：如何继续维持精益物流系统带来的成果？　/ 123

现场检查的三个重点　/ 126

紧密衔接的管理架构　/ 131

问题十：如何识别并消除浪费？　/ 133

精益物流系统持续优化　/ 138

工厂重新布局的机会　/ 139

总结　/ 141

后记　/ 145

精益企业中国（LEC）　/ 150

自序

在我们 2003 年出版本书时，目的是帮助大家在实施连续流时，能确保物料适时、适地、适量地被送到操作员手边。但我们很快就发现大部分企业并没有一个有效的物料管理系统来执行，从而导致连续流的进展不顺畅。希望《精益物流》能为中国的企业带来新的知识与物料管理系统，为贵公司创造更多的业绩与效益。

过去许多公司都把精力集中在生产部门，努力提高生产线上的效率，比较少去关注物料管理部门这一块如何提高效率，降低成本。有些公司甚至将物料配送并入生产部门，但是一个低效率的物料管理系统往往导致生产单元缺料，乃至无法顺利完成生产任务。

了解到物料管理系统的重要性后，本书中所提的各项原则将为贵公司价值流的运作问题提供指导方向。所提供的方法将一步步帮助贵公司建立一个有序的物料管理系统。

一般来说，一个有效的物料系统包含四项要素：

（1）"为每个零件建立一个信息档案"（PFEP）。PFEP不仅能落实准时供货的任务，而且能帮助企业有效降低库存，因为这个系统能让管理层对库存的现况一目了然。

（2）建立一家外购件超市，不仅可以有效地管理库存，保持生产区域的整洁有序，而且可以将不需要的包装及材料都挡在生产区域之外。

（3）拉动系统，能够使生产线上的信息有效地流动起来。

（4）运输路线。

经过不断的现场改善，贯彻实施这四项要素，就可以建立起一个有效的物料控制系统。

这套物料系统已经被许多生产型企业所证实,是迈向精益生产的一个重要步骤。本书的目的就是帮助你如何起步,一旦开始了,你将从每天的实践过程中不断地学习与成长。祝你成功!

克里斯·哈里斯

2007 年 7 月 6 日

第一部分　开始动手

第一部分　开始动手

Apex 回顾

欢迎来到 Apex 输油管公司

连续流的生产单元并没有真正实现连续流

生产单元的多余库存

精益物流系统的目标

生产管控部门的主要职责

4 个步骤

Apex 回顾

如果你读过精益企业研究院（LEI）出版的《创建连续流》，一定不会对 Apex 公司感到陌生。在那本工具书里，Apex 总部作为为轻型卡车生产输油管的工厂，为你提供了一个高效能、连续流生产单元的范例。即使你对 Apex 并不熟悉，但是只要你对精益生产有基本的认识，阅读本书也不会有任何困难，因为书中所提供的信息让你能够容易理解。但是，如果你对价值流图、生产单元线设计以及基本的精益术语，例如产品族和标准作业等，都不熟悉，建议你在阅读本书之前先参考 LEI 出版的《精益术语汇编》以及其他工具书。

欢迎来到 Apex 输油管公司

Apex 输油管公司是一家典型的零件生产商，为轿车、卡车以及重型机械设备提供输油管。几年前，Apex 迫于客户的压力，为了实现更低的价格、更高的质量、更频繁的交付以及更快的响应客户的需求变化，管理层决定对工厂的制造运营进行改革。

其中的一家工厂，也就是《创建连续流》一书中所用的例子，通过全厂大力推行精益生产，建立高效率的生产单元，在连续流的生产单元上获得了很大的提升。同时引进精益生产控制系统,通过看板拉动,创建了成品超市和位于收货区旁的外购件超市。

Apex 的另一家工厂,也就是本书所用的例子,采取了一种被大多数公司遵循的循序渐进的方法。这家工厂为不同的客户生产类似的产品,其改善从通过产品工艺矩阵识别产品族开始。

工厂管理层通过产品族矩阵(Product Family Matrix)分析,圈定了轻型卡车作为同一个产品族,并绘制了当前价值流现状图。

	加工过程及设备							
产品	成型	钻孔	铜焊	弯管	预装配	总装	压合	检测
轿车	X				X	X	X	X
卡车 S	X			X	X	X	X	X
卡车 L	X			X	X	X	X	X
卡车 A	X			X	X	X	X	X
重型卡车		X	X					X
重型机械	X	X	X	X		X		X

Apex 产品族矩阵

尽管 Apex 管理层明白第一家工厂经过重排、合并 5 道生

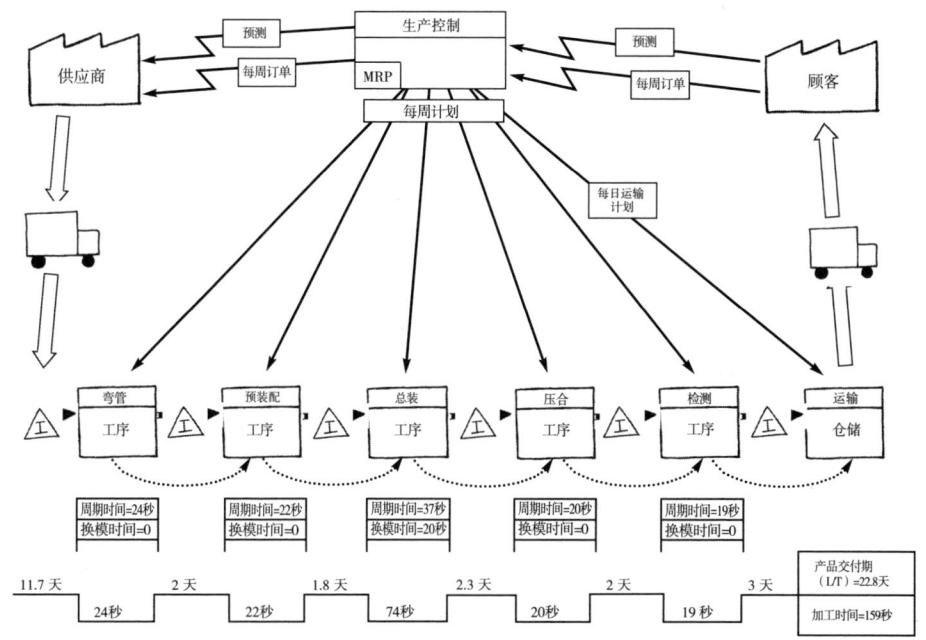

Apex 轻型卡车输油管生产线的现状价值流图

注释：

对《创建连续流》熟悉的读者会发现，Apex 的第一家工厂制造输油管时采用了 5 道加工工序。而本书所例举工厂的加工零件由 Apex 总部提供，弯管和成型这两道工序则由 Apex 的工厂完成。

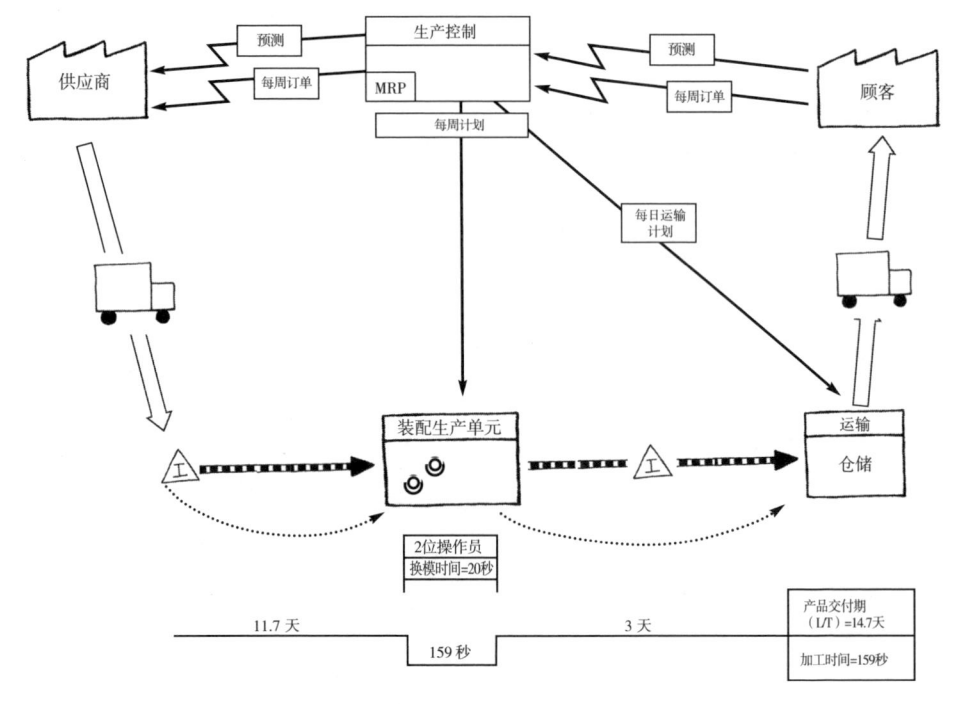

```
                    ┌──────────┐
           ┌─预测──→ │ 生产控制 │ ←──预测────┐
 ┌──────┐  │        ├──────────┤           │     ┌──────┐
 │供应商│ ←┼─每周订单│   MRP    │ ←─每周订单─┤    │ 顾客 │
 └──────┘  │        └──────────┘            │    └──────┘
              每周计划
              每日运输
                计划
```

Apex 轻型卡车输油管生产线的第一张未来价值流图

产工序，在成品超市和定拍生产单元之间，实现了拉动生产所带来的优势，但是他们仍较为谨慎。第一步，他们决定先建立一个仍然保留传统的 MRP 生产管理系统和物料运输系统的生产单元，将零件就供应商提供的原始包装，整板地配送至生产单元。

工厂已将所有产品族转型成为 14 个生产单元模式，其中有 5 个轻型卡车生产单元，3 个汽车生产单元，4 个重型卡车生产单元，2 个重型机械生产单元，全新的工厂布局就此成型（参见下图）。从按工序分类的传统生产布局转型为连续流生产单元的过程中，节省了相当可观的场地空间。

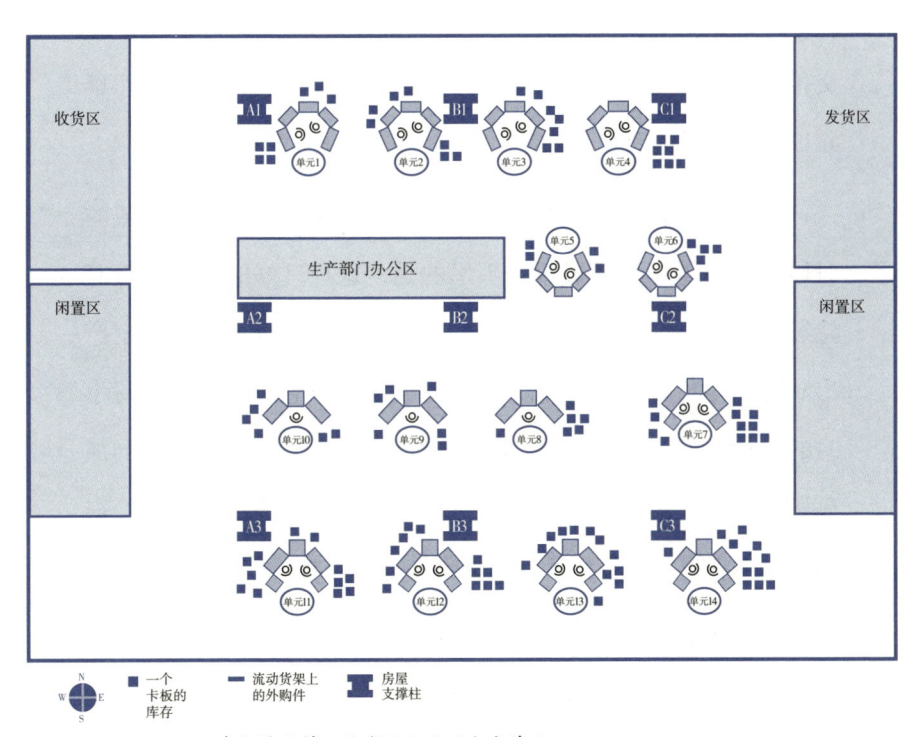

用卡板将物料从收货区配送至生产单元
Apex 布局俯视图

连续流的生产单元并没有真正实现连续流

起初 Apex 管理层对取得的成果非常满意：在轻型卡车的生产单元转型中节省了 75% 的生产场地，并且缩短了 35% 的产品交付时间，人均每小时产出也提高了一倍。此后，其他生产单元也相继取得类似成果。

但是，他们很快就发现只有当生产单元真正实现连续流的时候才能获得这样的成果。不幸的是，这种良好的状态并没有持续多久。譬如，轻型卡车的生产单元按标准每小时能稳定产出 90 根输油管，但是随着管理层注意力逐渐转移到别处，每小时的平均产量下降了 20%。这使得管理层不得不通过高昂的加班费来弥补生产不足的情况。更糟糕的是，这些生产异常变得越来越不规律，导致生产计划的安排愈加困难。

幸运的是，Apex 在每个生产单元前面都设置了一块生产管理板（或称为问题解决板），并且持续记录了生产数据和问题。因此，经过几周后不稳定生产单元的主要问题与原因很快就被分析出来。

生产管理板

生产线	油管生产单元		组长	Barb Smith	
需求量	690		节拍时间	40秒	
时间	计划/实际（每小时）	计划/实际（累积量）	问题/原因		签名
6–7	90 / 90	90 / 90			
7–8	90 / 79	180 / 169	缺料		
8–9	90 / 82	270 / 251	缺料		
9^{10}–10^{10}	90 / 71	360 / 322	错误零件		
10^{10}–11^{10}	90 / 90	450 / 322			
11^{40}–12^{40}	90 / 84	540 / 406	错误零件		
12^{40}–13^{40}	90 / 86	630 / 494	缺料		
13^{40}–14^{30}	60 / 60	690 / 552			
加班	138	690 / 690	（2小时35分）		

通过对14个生产单元的生产数据进行分析，Apex管理层对全厂产量不达标的原因绘制了一个帕累托图，并且显示出生产停产的主要原因（参见下页图）。

帕累托图（Perato）分析

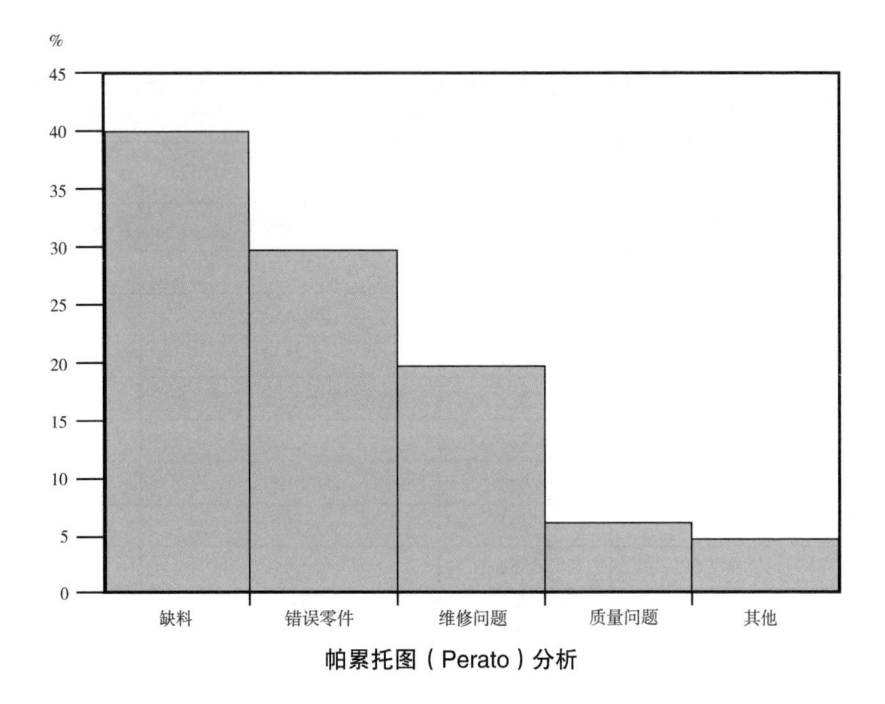

结果非常明确：导致生产效率下降的主要原因是不能稳定地将需要的零件按时配送至每个生产单元。如果零件能够及时地按需送到生产单元的话，生产线一般都能在不必加班的情况下完成指标。

这个发现令 Apex 管理层不得不开始反思。他们遵循到现场（Gemba）实地观察的精神，从收货区走到不同的生产单元。在此过程中他们统计了库存数据，并将结果与当初设计生产单元的预估值进行比较，很快就发现实际库存并没有降到最初的期望值。

调查结果显示：虽然生产单元内的在制品库存降低了，有时甚至是零，但每个生产单元的旁边都堆积了不少在制品。

随便走进一个生产单元就会发现两块堆满了零件的卡板，一板供应当前生产，另一板作为补给。大多数经理因为对现行的物料供给系统没有信心，坚持提高外购件的安全库存以确保生产顺利进行。讽刺的是，大量的库存并没能保证生产的稳定。

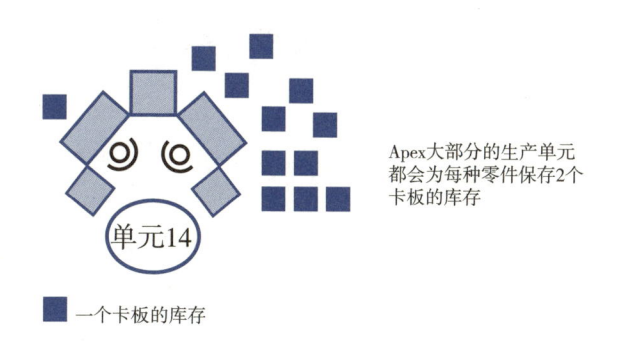

Apex大部分的生产单元都会为每种零件保存2个卡板的库存

单元14

■ 一个卡板的库存

生产单元旁过量的库存

随着现场观察的进一步深入，管理层很快就发现物料供给系统实际上比第一次看起来更糟。很多生产单元共用同一个型号的零件，但使用该零件的生产单元旁同样都堆积了两板零件。这大大增加了工厂的库存量，并很难确认零件的真实库存水平。由于无法有效追踪零件，因此不得不花费昂贵的快递费用从供应商那里调货。实际上，他们可以很容易在工厂的某个角落找出需要的零件。

生产单元的多余库存

现场观察结束后，管理层清楚地认识到每个生产单元虽然采用了精益生产方式，物料系统却仍然沿用传统方法。这造成了以下不良后果：

● 生产线员工和现场班组长浪费了大量宝贵的时间去寻找所需要的零件；

● 工厂内的库存量远远超出了实际需求；

● 成板的零件需要用到电动叉车搬运，存在很大的安全隐患；

● 每周浪费超过 1000 美元的巨额快递费用，其中大部分零件却隐藏在工厂的某个角落；

● 用来弥补因为零件短缺或用错而导致产量不足的加班费用变成了工厂的一项主要开支。

用生物学来比喻的话，单个生产单元是健康的，但整个物料系统运作不良导致了工厂整体运营的不协调。

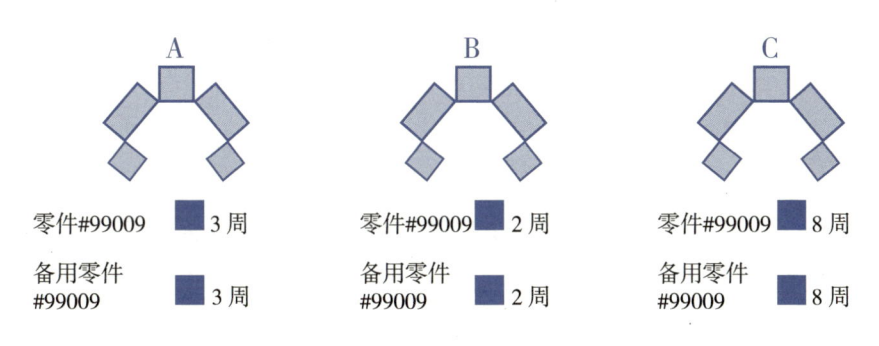

A   B   C

零件#99009 ■ 3 周   零件#99009 ■ 2 周   零件#99009 ■ 8 周
备用零件   ■ 3 周   备用零件   ■ 2 周   备用零件   ■ 8 周
#99009   #99009   #99009

生产单元的多余库存

精益物流系统的目标

为了促使工厂更高效地运作，管理层决定采用一套精益物流系统，使物料配送的成本更加经济，并且能及时地将需要的零件送到生产单元。具体来说，他们需要：

- 一个能准确管理零件从收货区配送至生产单元的流程；
- 在收货区建立一家外购件超市，用来存储并控制来料；
- 一个精准的地址系统，能将需要的零件送到指定的工位；
- 每个生产区域都可以通过收发信息来拉动外购件超市的物料。

Apex 管理层绘制了一张未来价值流图，并将各种数据标在图上。（值得注意的是，Apex 仍然继续使用 MRP 系统来下达外购件订单。他们计划将来有一天通过 MRP 来拉动供应商补料。同时，在价值流图的另一端，生产单元只有在收到客户的拉动信号后才启动生产。）

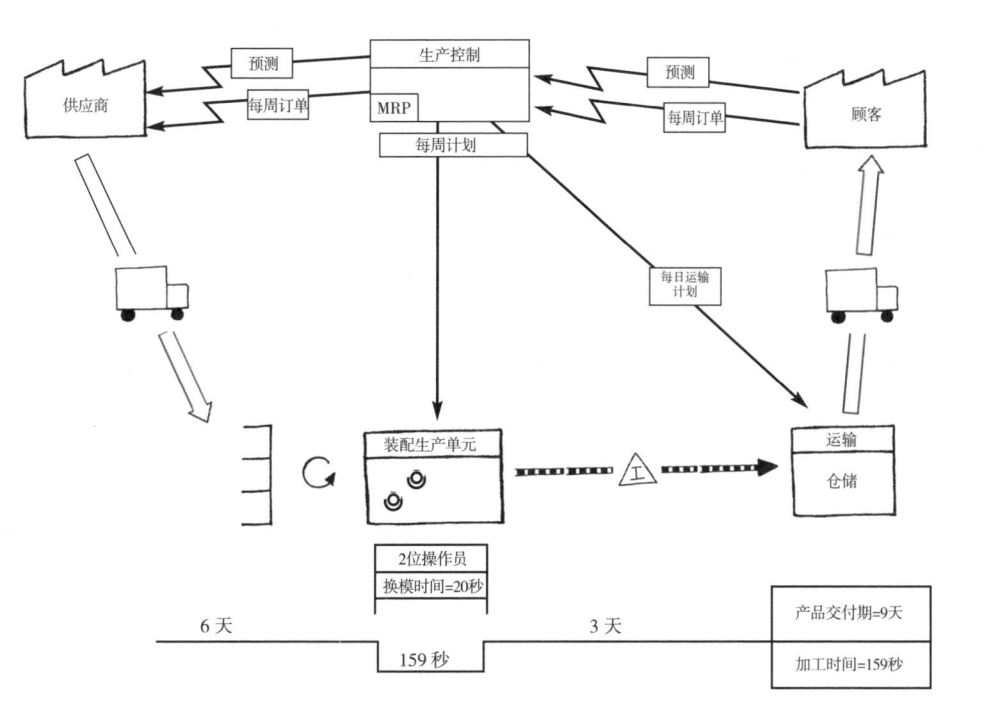

```
                    ┌─────────┐
         ┌──预测────→│ 生产控制 │←──预测──┐
┌─────┐  │          │         │         │   ┌─────┐
│供应商│←─┼─每周订单─│  MRP    │←每周订单─┼──│顾客 │
└─────┘  │          └─────────┘         │   └─────┘
            每周计划│
                   │        每日运输
                   │         计划
                   ↓
              ┌──────────┐  ═══  ⚠  ═══  ┌──────┐
              │装配生产单元│               │ 运输 │
              │          │               │ 仓储 │
              └──────────┘               └──────┘
              2位操作员
              换模时间=20秒
      6天         │              3天    产品交付期=9天
    ─────────────┘ ──────────────────  加工时间=159秒
                 159秒
```

Apex 轻型卡车输油管生产线的第二张未来价值流图

根据经验，我们可以为 Apex 工厂的精益物流系统预设一个绩效目标，与目前的运作方式对比如下：

第一部分　开始动手　/　019

	现状	目标
作业员人数	14	5
作业员寻找零件的时间占比	10%~15%	0%
零件库存在制造现场空间的比例	20%	1%
全厂库存周转率	8	15
生产单元的零件库存	2~3 天	2 小时
零件运输叉车台数	7	0
每年叉车事故量	13	0
每班平均产量/每班计划产量	552/690	690/690
轻型卡车生产单元的每日加班量	2小时35分	0 分钟
全厂每周加班支出	$19500	$0
每周加急运输费用	$1400	$0

Apex 精益物流系统

生产管控部门的主要职责

希望有一个更好的精益物流系统是一回事,实现和维持却是另一回事。一如既往,管理和组织是关键。Apex 决定将重点放在长期被忽视的生产管控部门。虽然它的名字叫作生产管控(在其他公司,有时被叫作物流控制、材料控制,或者库存控制),实际上却不一定能起到作用。因为管控部门在安排每周的生产计划后,就忙着四处跟进需要的零件,应付因为物料短缺可能面临的生产问题。

Apex决定重新让生产管控成为工厂运作的核心。然而，一个成功的生产管控部门是无法单独工作的，必须和制造部、工程部密切合作，构成一个"铁三角"。这些部门名称在你的工厂可能不同，但是总归要有人来统筹物料、制造和工程。Apex必须将这三个组织的力量紧密地结合起来。

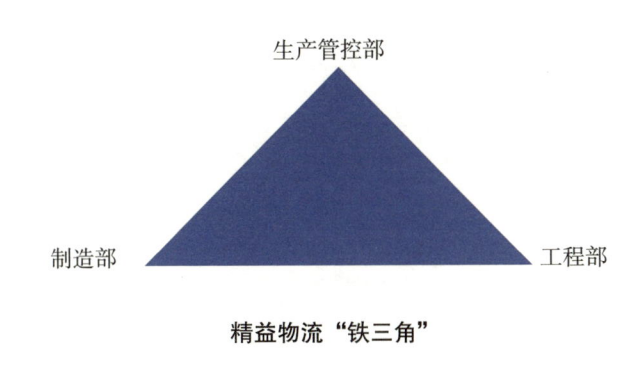

精益物流"铁三角"

当Apex开始实施这套系统时，他们很快就发现工厂的任何变更都需要这三个部门共同讨论，并达成共识后才能执行，否则就一定会产生严重的后果。举个典型例子，在Apex实行精益物流的初期，生产管控部计划建立一条专用的物料运输通道，于是工程部进行了设计，并将它交给制造部。结果发现这条通道正处于生产设备冷却水管的上方,无法实施。这个问题在预备动工的时候才暴露出来,无端浪费了人力,而且延迟了运输通道的实施。

吸取了这次教训,Apex 制定了一项规则,那就是:任何涉及工厂里物料管理的变更,都必须得到"铁三角"的同意后才能进行。

4 个步骤

开始动手

Apex 在确定了生产管控在精益物流系统中的领导地位及职责后,又重新定义了该部门和其他关键部门的关系,为快速实施精益物流系统奠定了基础。

以下是 4 个简单的实施步骤:

(1)为每种零件制订一个计划(Plan For Ever Part, PFEP),并建立数据库,其中包含了每种零件的规格、供应商、供应商地址、存储位置、需求工位、用量,以及其他重要信息;

（2）建立一家外购件超市，并严格管理；

（3）规划从外购件超市到生产单元的运输路线，采用标准化作业方式进行配送；

（4）整合物料系统和信息管理系统，采用拉动方式补充被消耗的零件。

在接下来的章节里，我们将继续提供详细的方法来协助你完成这些步骤。我们将通过10个简单的问题，结合案例予以阐述，经由这些步骤帮助工厂实施精益物流。让我们开始行动吧。

你的工厂运作比书中的例子更为复杂吗？

我们选择 Apex 作为本书的案例是因为其工序和产品都相对简单，通过它来阐述精益物流会比较容易。你的工厂可能会比较复杂。比如，你可能有一个批量生产的精加工区，为生产单元提供半成品；或者你的工厂采用传统的流水线；或者你的产品更加多元化，而每种产品的量又不大，等等。在本书的讲解过程中，我们会使用 Apex 的例子来解说关键原则。但在附录中，会简单讨论如何处理上面提到的复杂情况。

尽可能从流动和拉动开始

实施精益最好的方法是在产品和物料流动的同时建立一个以客户需求为导向的拉动系统。然而，我们发现许多工厂却将重点放在连续流生产单元上，后来才开始考虑建立拉动系统。

鉴于这些情况，我们可以将前面提到的精益物流系统中从生产单元到外购件超市的拉动系统，看作一个相对独立的作业流程，既可以在已经实施连续流的生产单元里实施，又可以在使用传统的MRP、没有均衡生产、成品超市以及拉动系统的工厂环境里实施。

对于一家采取了连续流生产单元、均衡生产以及拉动系统的工厂来说，他们也会发现这套精益物流系统与现行的运作方式可以兼容并包，而且不难操作。

第二部分　为每个零件做计划（PFEP）

第二部分 为每个零件做计划（PFEP）

为每个零件做计划（PFEP）

问题一：PFEP应该包括哪些信息？

如何完成PFEP

问题二：如何维护PFEP？

为每个零件做计划（PFEP）

Apex 管理层认识到要实现精益物流系统，必须先熟悉每种零件的信息：从哪里采购，如何收货，什么包装方式，储存在哪里，怎样配送到需求工位。

事实上，大部分信息都已经存在，只不过被不同的负责人存放在不同的地方，因而获取非常不方便。Apex 采取的关键步骤是将所有零件信息集中在同一个地方，为每种零件做好计划（PFEP），并让这些信息对需要的员工进行共享。

最简单的方法就是建一个电子表格列出所有信息，供使用者随时查看（然而，Apex 管理层同时也认识到随着业务的拓展，零件数量会越来越多，有可能需要一个储存量更大的数据库来取代电子表格）。另外，使用电子表格或数据库有两个重要优势：首先，它可以按照不同的需要对数据进行归类筛选（比如订单频次、包装容器尺寸、单位小时用量）；其次，只需要很小的工作量就可以对数据进行更新，包括增加新的零件信息。正如我们所期望的，足够灵活的 PFEP 数据库在精益物流系统中起到了至关重要的作用。

问题一：PFEP 应该包括哪些信息？

Apex 管理层经过仔细斟酌，决定将下表中的常用信息都包含在 PFEP 里。（Apex 选择的信息和我们常见的其他公司常用的信息是一致的。然而，每家工厂具体情况不同，毫无疑问 PFEP 所需的信息也会有所不同。）

Apex PFEP 所包含的信息

零件号	工厂内用来识别该零件的编码
品名	零件名称(例如框架、螺栓、螺母、轭)
日用量	该零件平均每天的消耗量
使用地点	该零件的使用地点或工序(例如 14 号生产单元)
储位	零件的储存位置
订货频率	从供应商订货的频率(比如每天、每周、每月)
供应商	供应商的名称
城市	供应商所在的城市
州/省	供应商所在的省/直辖市/地区
国家	供应商所在的国家
包装类型	容器的类型(比如消耗品、可回收)
空箱重量	单个空容器的重量
零件重量	单个零件的净重
满箱重量	整箱货物的总重量
包装长度	容器的长度

(续表)

包装宽度	容器的宽度
包装高度	容器的高度
单台用量	完成单个产品所需要的零件数量
小时用量	单位小时的使用量
标准容量	单个容器的标准包装数量
容器小时用量	每小时使用箱数
发货批量	以天数表示的发货批量（如一周发货一次，发货批量则为5天）
承运商	提供运输服务的公司
运输时间	从供应商到工厂的运输时间
看板数量	系统中设计的拉动看板卡片数量
供应商绩效	供应商的准时交付、品质等

如何完成 PFEP

正如我们所预料的那样，Apex 管理层在建立精益物流系统的时候相当谨慎。他们决定从生产轻型卡车输油管的 14 号生产单元开始，完成 PFEP 电子表格，先积累知识经验。然后为这个生产单元的零件建立一家外购件超市，规划物流配送路径以及拉动看板系统（具体操作会在后续进行阐述）。目的是在全面推广这个系统前，通过小规模运行以便更好地理解精益物流系统。

这看上去似乎是过于谨慎了，你可能会选择在整个产品系列甚至是整家工厂，实施这四个步骤。我们建议在决定项目范围时，三思而后行，量力而为。我们根据前车之鉴，看到一些管理者在工厂内全面开展 PFEP、外购件超市以及物流运输系统，结果花了很多资源与时间，并没有达到期望。更糟的是，他们为了走捷径，而妥协 PFEP 数据库的质量，结果从一开始就搞砸了精益物流。比较起来，从小范围试点开始就有效得多：成功了，可以进行经验推广；失败了，可以修正，或者重头再来。

> **PFEP 帮助新产品顺利投产**
>
> 除了管理现有的产品，Apex 在导入新产品的时候也使用 PFEP，并且规定没有完整的 PFEP 数据就不允许进入生产准备阶段。Apex 管理层相信，一套精确的、经过测试的 PFEP 会成为研发小组的一个重要工具，并能帮助新产品在成本预算范围内顺利投产。

一个简单的原则

对于数据库管理，我们建议尽可能简单，并且沿用现有的系统。如已有 MRP 系统，可以选择一个辅助的电子表格或数据库来实施 PFEP，这样可以避免投资或者投资最小化。

Apex 的 PFEP

零件号	品名	日用量	使用地点	储位	订货频率	供应商	城市	州/省	国家	包装类型	空箱重量（磅）	零件重量（磅）	满箱重量（磅）
13598	金属箍环	690	单元14	超市	每日	The Cabby	Dayton	俄亥俄州	美国	消耗品	5	0.05	10
13224	连接器	2760	单元14	超市	每周2次	S&E Corp.	Sadieville	肯塔基州	美国	可回收	1	0.2	7
13997	T型软管	690	单元14	超市	每日	Molding Ideas	Stamping Ground	肯塔基州	美国	消耗品	5	1	105
13448	阀门	690	单元14	超市	每周1次	Comfy Beds	Cincinnati	俄亥俄州	美国	消耗品	3	2	33
13215	金属管	1380	单元14	超市	每周3次	Apex HQ	Owenton	肯塔基州	美国	消耗品	1	1	101
13456	软管	690	单元14	超市	每周1次	Sun Mfg.	Anderson	印第安纳州	美国	消耗品	1	0.001	5

零件号	包装长度（英寸）	包装宽度（英寸）	包装高度（英寸）	单台用量	小时用量（件）	标准容量	每小时用量	发货批量	承运商	运输时间	看板数量	供应商绩效
13598	12	6	6	1	90	100	0.9	5天	Vitran	3天	3	2
13224	4	4	4	4	360	30	12	5天	UPS	2天	36	3	优秀=1 好=2 一般=3 差=4 极差=5
13997	6	12	6	1	90	100	0.9	20天	USF	2天	3	1
13448	24	12	12	1	90	15	6	20天	Vitran	3天	18	1
13215	12	12	6	2	180	100	1.8	5天	UPS	2天	5	5
13456	6	6	6	1	90	30	3	5天	Ryder	1天	9	1

因为 Apex 是从一个生产单元开始，所以管理层能全身心投入到设计 PFEP 的工作中去。他们希望尽快将这个系统延伸到轻型卡车的其他 5 个生产单元，最终推广到整个工厂。因此在 PFEP 的设计过程中，为了避免数据不全或缺失，一开始就充分考虑了整个工厂的需要。

值得注意的是，在建立 PFEP 时，Apex 输入的每个字段都只代表一个单一数据。例如，对容器的尺寸大小分别用三个字段来表达；反之，如果一次输入"12英寸×6英寸×10英寸"，则日后将无法根据高度进行分类筛选。由于数据在设计存储空间的时候非常关键，因此 Apex 为每个尺寸参数——长、宽、高，都设计了一个字段。同样，如果 Apex 把供应商所在的城市、省和国家都包含在一个字段中，就无法根据地区来分类筛选供应商。然而，地址信息在未来规划供应商的"送牛奶物流方式（Milk Run）"路线时却又非常重要，所以 Apex 决定将城市、省和国家分为三个不同的字段输入。

问题二：如何维护 PFEP？

我们发现工厂往往通过一个"任务小组"去完成 PFEP 的建档工作，忽略了邀请管理层参与。等 PFEP 建成后，却发现缺少一个维护计划。没有维护，数据库的精确性就有可能恶化，以致有些工厂事后还不明白为什么会发生这种情况。

为了避免这个问题发生，Apex 指派生产管控部门的一名经理作为 PFEP 的主管。像 Apex 这样规模的小公司，一个人作为 PFEP 的主管就可以负责整个工厂的 PFEP；一家大型工厂可能需要多加几个人，分别负责不同的价值流。根据我们的经验，一名PFEP主管再加上助理基本上就可以确保PFEP的准确性了。

虽然需要使用PFEP的每名员工都可以看到PFEP的数据库，但是PFEP主管是唯一有权更新PFEP数据的人。Apex同时还制定了规则，一种零件在PFEP中没有完成建档，没有经过PFEP主管批准，就不允许在车间里出现。Apex为此设计了PFEP变更申请表（参见下页表）。

通过任命PFEP主管和制定详细的变更规则，Apex确保了PFEP中数据的可靠性，而且每次变更都有据可循。按要求，车间任何零件的变更都必须通知相关工序以及物流系统中的核心领导，但是有关员工随时都可以查看PFEP中的信息。

在日常运行中，Apex的生产管控部门可以通过PFEP查看：零件供应商是谁，供应商所在地，以及零件的运输时间。生产部在紧急情况下也可以使用PFEP，比如解决外购件的质量问题。工程部会用PFEP中的零件尺寸来设计包装容器和产品工装夹具。如果每一名PFEP相关人员都不遵守变更流程而随意变更数据，那么这些数据很快就会失去价值。

Apex PFEP 变更申请表

Apex 生产管理			
零件信息		现有数据	变更
零件号		13598	
品名		金属箍环	
日用量		690	
使用地点		单元14	
储位		超市	
订货频率		每日	
供应商		The Cabby	
城市		Dayton	
州/省		俄亥俄州	
国家		美国	
包装类型		消耗品	
空箱重量（磅）		5	2.5
零件重量（磅）		0.05	
满箱重量（磅）		10	7.5
包装长度（英寸）		12	6
包装宽度（英寸）		6	
包装高度（英寸）		6	12
单台用量		1	
小时用量（件）		90	
标准容量		100	
容器小时用量（箱）		0.9	
发货批量		5天	
承运商		Vitran	
运输时间		3天	
看板数量		2.7	
供应商绩效		2	
变更原因：		包装由金属箱变为纸箱	
	提交人：_____		
	职务：_____		
	时期：_____		
	批准：_____ 生产管控部		
	批准：_____ 制造部		
	批准：_____ 工程部		

提交表单的人只填写PFEP中最右栏中需要更改的数据。

当所有的零件信息都建立在 PFEP 系统中，并且有效维护，那么 Apex 就可以：

• 启动精益物流项目，并逐步建立外购件超市，规划物流配送路径，建立看板拉动信息系统；

• 将 PFEP 信息放置在公共盘进行共享，方便所有人查看；

• 按照不同数据进行分类，比如包装容器大小，供应商地点，以及日用量等；

• 快速响应生产中可能遇到的各种供应商和零件的问题。

PFEP 的必要性

建立和维护 PFEP 是一个增值过程吗？并不是，因为从客户的角度来看，它并没有直接为产品增值。但是，这样做可以提高工厂内增值活动所占的百分比。

很多公司认为它们在系统的某个地方已经有一些和 PEFP 相类似的功能，那么重建 PFEP 作为一个独立的数据库是否有意义？我们的回答是：如果信息被分散在不同的地方，并且不容易被获取,有可能导致工厂不能及时得到准确的信息,而造成各种不必要的浪费,那么,我们认为PFEP是有必要的。

为每个零件做计划——成功的关键

- 选择一个有筛选功能的PFEP模式(最常见的是电子表格和数据库);

- 录入数据时,尽可能使用单一的参数(比如,包装容器应该按三个尺寸分别录入:长、宽、高);

- 任命一名PFEP主管来负责PFEP数据的准确性和日常维护;

- 规范PFEP变更流程,并制定一个PFEP变更申请表。

第三部分　建立一个外购件超市

第三部分　建立一个外购件超市

建立一个外购件超市

问题三：外购件超市设置在哪里？

问题四：每种零件应该在超市存储多少数量？应该为每种零件规划多大的存储空间？

确定最高库存量

计算包装容器的数量

问题五：如何运作外购件超市？

建立一个外购件超市

14 号生产单元的 PFEP 建立完成之后，Apex 掌握了实施精益物流系统零件的必要信息。下一步就是建立一家外购件超市，为生产轻型卡车的 14 号生产单元提供外购件。最终，当所有产品系列都采用精益物流系统后，工厂里所有外购件超市都将设置在这里。

让我们和 Apex 一起来建立超市：首先为外购件超市选址，其次确定每种零件的库存量，再次建立超市运作的准则。

问题三：外购件超市设置在哪里？

Apex 把外购件超市设置在工厂内的收货区，这样很快就能将外购件从收货区转移至外购件超市。虽然初期的外购件超市只需存放 14 号生产单元的零件，但是 Apex 准备了一个足够大的空间以备将来扩充，并存放更多的外购件。幸运的是，Apex 已在前期生产单元重组的过程中，腾出了足够的空间。如果你的工厂里没有这样的空间，我们建议尽可能将外购件超市设置在距离收货区较近的地方。

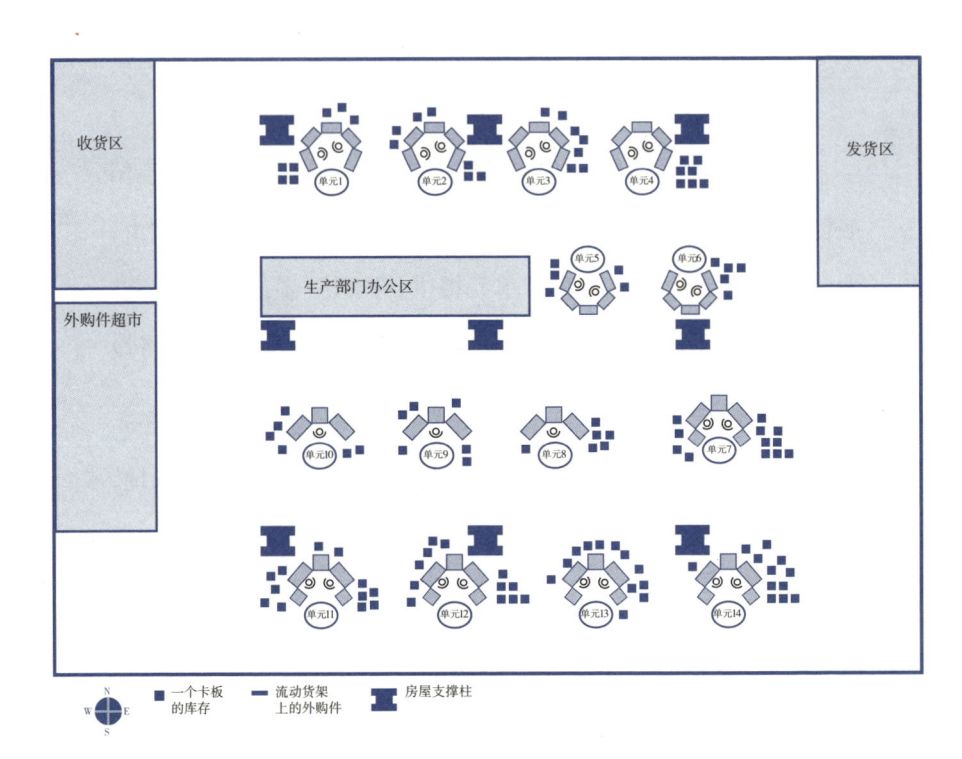

Apex——外购件超市的位置

消除物料多次搬运浪费

我们经常看到，一名物料操作员在收货区将零件从卡车上搬下来，并放置好；另一名负责签收，有时甚至需要将零件搬运好几次；最后，再将零件从存放区运送到车间。多次搬运是一种浪费，同时会增加出错以及零件损伤和放错位置的概率。

> 物料经理应尽可能安排操作员将零件直接从卡车搬运到外购件超市，消除不必要的中间环节，同时可以提高效率和准确性。当然，在理想状态下，操作员最有效的做法是将零件直接从卡车配送到生产单元；但这基本上不可能，除非工厂的产量非常低，而且产品种类非常少，或者所有零件都由同一家供应商按生产顺序配套提供。

问题四：每种零件应该在超市存储多少数量？应该为每种零件规划多大的存储空间？

Apex 在规划外购件超市之前，首先要计算出 14 号生产单元正常生产所需的每种零件的最大库存量。也就是说，我们先要了解存储在超市内的各种零件的日平均消耗量、送货频次，以及必要的缓冲库存量。根据这些信息就可以计算出各种零件的最大库存量，然后计算出这些零件所需要的包装容器数，再乘以对应的容器尺寸，就可以计算出外购件超市需要的场地空间。

令人高兴的是，创建 PFEP 所花费的精力很快就得到了回报，以上很多数据都可以直接通过 PFEP 得到。

确定最高库存量

Apex 开始计算 14 号生产单元里所需零件的最高库存量,用一个软管来作为例子:零件编码 13456。Apex 用下列公式来计算该零件的最高库存量。

最高库存量 =(日用量 × 送货频次)+ 缓冲库存量

送货频次以天为单位(1 天 1 次 =1,1 天 2 次 =1/2,2 天 1 次 = 2)。

运输量大小

运输频率	=	运输量大小(用每天的产量计)
每周1次	=	5天的产量
每周2次	=	2.5天的产量
每周5次	=	1天的产量

参照 PFEP 收集零件号 13456 的数据来计算最高库存量。

Apex PFEP

PFEP 6/16/03 经理：Jim Black

零件号	品名	日用量	使用地点	储位	订货频率	供应商	城市	州/省	国家	包装类型	空箱重量(磅)	零件重量(磅)	满箱重量(磅)
13598	金属箍环	690	单元14	超市	每日	The Cabby	Dayton	俄亥俄州	美国	消耗品	5	0.05	10
13224	连接器	2760	单元14	超市	每周2次	S&E Corp.	Sadieville	肯塔基州	美国	可回收	1	0.2	7
13997	T型软管	690	单元14	超市	每日	Molding Ideas	Stamping Ground	肯塔基州	美国	消耗品	5	1	105
13448	阀门	690	单元14	超市	每周1次	Comfy Beds	Cincinnati	俄亥俄州	美国	消耗品	3	2	33
13215	金属管	1380	单元14	超市	每周3次	Apex HQ	Owenton	肯塔基州	美国	消耗品	1	1	101
13456	软管	690	单元14	超市	每周1次	Sun Mfg.	Anderson	印第安纳州	美国	消耗品	1	0.001	5

零件号	包装长度(英寸)	包装宽度(英寸)	包装高度(英寸)	单台用量	小时用量(件)	标准容量	每小时用量	发货批量	承运商	运输时间	看板数量	供应商绩效
13598	12	6	6	1	90	100	0.9	5天	Vitran	3天	3	2
13224	4	4	4	4	360	30	12	5天	UPS	2天	36	3
13997	6	12	6	1	90	100	0.9	20天	USF	2天	3	1
13448	24	12	12	1	90	15	6	20天	Vitran	3天	18	1
13215	12	12	6	2	180	100	1.8	5天	UPS	2天	5	5
13456	6	6	6	1	90	30	3	5天	Ryder	1天	9	1

优秀=1
好=2
一般=3
差=4
极差=5

缓冲库存是指正常生产需求之外，为应对异常并确保生产单元正常运作而准备的。合理的缓冲库存需要考虑一系列的可变因素，其中包括Apex的日需求量变化以及供应商的交货能力表现。Apex考虑的因素包括：

第三部分　建立一个外购件超市　/　045

供应商方面：
- 质量稳定性

- 准时交货的能力

- 运输的可靠性

- 实地距离

- 运输途中的恶劣天气和其他不可控因素

Apex 方面：
- 生产单元日需求量的变化

依照 PFEP 的资料，零件编码 13456 的供应商是 Sun 制造厂。这家公司距离工厂约 150 英里[①]（4 小时的车程），是一家优秀的供应商。（在建立 PFEP 之前，Apex 快速建立了一个初步的供应商评价系统，1 表示优秀，5 表示极差。如果贵司已经有了一个供应商评价系统，应该将其结合到 PFEP 中；如果没有，应该学习 Apex 尽快开始。）虽然 Sun 制造厂运作很好，但其承运商表现非常不稳定，有时早，有时晚。

回顾 Apex 的实际生产情况，该零件的日需求量变化很大，

---

① 1 英里 =1609.344 米。

有时候一天的需求量近乎翻倍；这样就不得不增加一个班次来满足客户的需求。Apex 必须保证手上的库存能够满足 14 号生产单元每天 690 件的需求量。过去，为了应对运输时间、日需求量的变化，加上供应商每周只送货一次，Apex 的库存有 6000 到 10000 件的 13456 的零件。（实际上，这个数据只是个估算，并不准确，因为找不到过往库存量的数据。）

Apex 管理层决定在建立外购件超市之前，先解决运输和需求量不稳定的问题。然而，要解决这些问题需要一定的时间，所以 Apex 采取的策略是先存储足够的库存来保证生产。

Apex 决定预留一天的缓冲库存（690 件）应对需求量不稳定的问题，一天的缓冲库存（690 件）应对运输的问题；因此，缓冲库存以 2 天的需求量计算，也就是 1380 件。（需要注意的是，承运商的实际运输时间不超过 1 天，在万不得已的情况下可以通过快递来补救。）

综合上面的考虑，需要存放在超市内的最高库存量就是：3450（每周正常需求量）+690（应对需求量不稳定）+690（应对运输不稳定）= 4830 件。这个数字和原来估计的 6000~10000 的库存量有明显的差距。

计算最高库存量

每日用量	×	每次运货量（以日用量计）	+	外购件缓冲库存		
【690件	×	5天（每周一次）】	+	1380件		
		3450 件	+	1380件	=	4830件

计算包装容器的数量

Apex PFEP

PFEP 6/16/03 经理：Jim Black

零件号	品名	日用量	使用地点	储位	订货频率	供应商	城市	州/省	国家	包装类型	空箱重量（磅）	零件重量（磅）	满箱重量（磅）
13598	金属箍环	690	单元14	超市	每日	The Cabby	Dayton	俄亥俄州	美国	消耗品	5	0.05	10
13224	连接器	2760	单元14	超市	每周2次	S&E Corp.	Sadieville	肯塔基州	美国	可回收	1	0.2	7
13997	T型软管	690	单元14	超市	每日	Molding Ideas	Stamping Ground	肯塔基州	美国	消耗品	5	1	105
13448	阀门	690	单元14	超市	每周1次	Comfy Beds	Cincinnati	俄亥俄州	美国	消耗品	3	2	33
13215	金属管	1380	单元14	超市	每周3次	Apex HQ	Owenton	肯塔基州	美国	消耗品	1	1	101
13456	软管	690	单元14	超市	每周1次	Sun Mfg.	Anderson	印第安纳州	美国	消耗品	1	0.001	5

零件号	包装长度（英寸）	包装宽度（英寸）	包装高度（英寸）	单台用量	小时用量（件）	标准容量	每小时用量	发货批量	承运商	运输时间	看板数量	供应商绩效	
13598	12	6	6	1	90	100	0.9	5天	Vitran	3天	3	2	
13224	4	4	4	4	360	30	12	5天	UPS	2天	36	3	优秀=1 好=2 一般=3 差=4 极差=5
13997	6	12	6	1	90	100	0.9	20天	USF	2天	3	1	
13448	24	12	12	1	90	15	6	20天	Vitran	3天	18	1	
13215	12	12	6	1	180	100	1.8	5天	UPS	2天	5	5	
13456	6	6	6	1	90	30	3	5天	Ryder	1天	9	1	

Apex 外购件超市的场地需要按照容纳所有零件最高库存量的空间来计划，尽管每种零件达到最高库存量的可能性很小。Apex 管理层参照 PFEP 关于零件 13456 的信息，计算出需要多少包装容器。计算方法如下：

$$\frac{\text{最大计划库存水平}}{\text{标准容量}} = \text{包装容器的最大需求量}$$

$$\frac{4830}{30} = 161（个）包装容器最大需求数量$$

在达到最高库存量的情况下，Apex 的外购件超市需要存放 161 个包装容器。每个容器长 6 英寸[①]，存放 161 个容器就需要累计长度 966 英寸（161 个容器 × 6 英寸）的物料架。

另外，每个容器宽 6 英寸，通过这些尺寸，Apex 很快就可以计算出需要的存储面积，即 966 英寸 × 6 英寸 = 5796 平方英寸。

接下来，Apex 需要将占地面积转换为存储空间，他们决定使用 7 英尺深、6 英寸宽的流动货架（84 英寸 × 6 英寸 = 504 平

---

① 1 英寸 =2.54 厘米。另：1 英尺 =30.48 厘米。

方英寸），意味着每一排可以安放 14 个容器。所以，就需要有 12 排来安置 161 个容器；5796 平方英寸 / 504 平方英寸 =11.5 排，取整为 12 排。Apex 将这些存储空间设计成 4 排宽、3 排高。

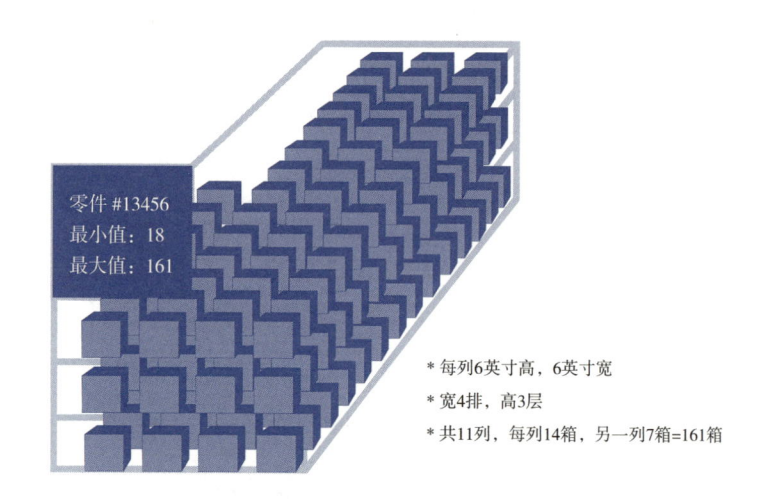

零件 #13456
最小值：18
最大值：161

* 每列6英寸高，6英寸宽
* 宽4排，高3层
* 共11列，每列14箱，另一列7箱=161箱

零件 #13456 在外购件超市的布局

当 Apex 的工程部开始动手建立超市的时候，应尽可能保证灵活性；事先做好有可能增加数量、种类以及包装容器规格的准备。比如说，当其他轻型卡车的生产单元加入精益物流系统的时候，就需要更多的空间来存放 13456 零件。Apex 尽可能使用已有的货架，不足的时候再采购便于组装、移动的物料架。

供应商增加送货频次的优势

当 Apex 管理层审视零件 13456 的最高库存量时,发现导致大量库存的原因是供应商送货频次过低。一旦将运输频率从每周一次提高到每天一次,然后用同样方法来计算,得出的最大库存量是 2070 件,减少了 57%。

估算的最高库存量

每日用量	×	运输量大小(以日用量计)	+	外购件缓冲库存		
690件	×	1天(每周5次)	+	1380件		
		690件	+	1380件	=	2070件

由于 Apex 的大部分外购件都采用每周送货一次的方式,因此这次库存量的计算让大家发现了巨大的改善机会。这也引发了采购和物流部门考虑采取牛奶运输的方式,为更多的零件进行每日一次甚至每日多次的提货方式。

降低库存需要耐心

Apex 建立 PFEP 的时候发现了一个问题:关于承运商的可靠性和产品需求量的数据并不准确。但是各方又都毫无根据地坚定自己的看法和立场。

如果你也处在同样的状况下，我们推荐你采取 Apex 的谨慎态度，对上游的可靠性和下游的不确定性做最坏打算。这意味着你开始实施精益物流系统时，必须存放比你实际所需多出很多的库存。一旦获得了可靠的数据，发现并消除导致差异的根源时，库存自然就可以降低了。

在全面了解系统的现状和变量的根源之前，盲目降低库存通常会导致生产无法顺利进行。甚至会像救火员一样不停地解决各种问题，这是不能接受的，因为绝不能为了建立精益物流系统而让客户承担风险。当然，长时间存储不合理的库存也是不可接受的，我们必须专注细节，并落实每一个降低库存的改善计划。

问题五：如何运作外购件超市？

Apex 接着制定了外购件超市有效运行的准则；当贵司建立外购件超市时，可以作为参考：

A. 选择合适的物料架来摆放零件；

B. 建立一个地址系统；

C. 建立一套提货与取货的拉动看板信息系统；

D. 制定库存超量的处理机制；

E. 确定最低库存量和订货点，并做好应急预案。

A. 选择合适的物料架

Apex 首先考虑各种曾用过的料架：流利式货架，托盘，以及存放少量零件的料架。（一般来说，在像 Apex 这样大批量少品种的工厂里，通常会混合采用以上三种不同的料架。）

流利式货架可以存放 Apex 的大部分零件，也是首选方案。对于那些不用托盘送货进来的零件来说，流利式货架是最好的选择。物料员可以直接在收货区将零件放置在流利式货架上，零件通过斜度自动传到流利式货架前端。即使放在托盘上的零件箱，在劳动强度不大的情况下，也可以将其转移到流利式货架上。

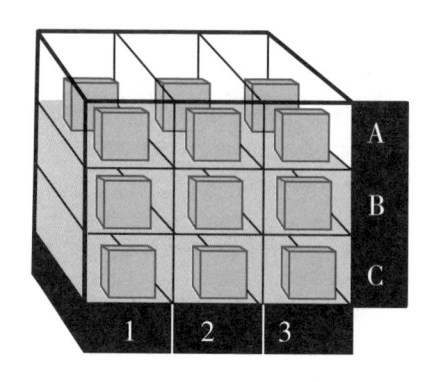

流利式货架

让你的超市尽可能灵活

当供应商不能按时送货,日平均需求用量波动幅度较大时,你需要重新计算最高库存量,并进行相应的调整。

当你将精益物流系统推广到其他产品系列时,会发现一些共用零件,因此需要重新计算最高库存量,并调整存储空间,尽可能将同型号的零件都存储在同一个地方。

所以,多花点时间设计一个易于组装,并能移动的物料架是非常值得的。

当零件过大、过重，不易搬运到流利式货架上，或标准容器很大的情况下，就应该采用托盘存储。否则，将零件搬上搬下不仅会造成一种浪费，更有安全隐患。这种情况下，托盘可以运送到外购件超市里指定的存储地点，或直接运送到生产线边。

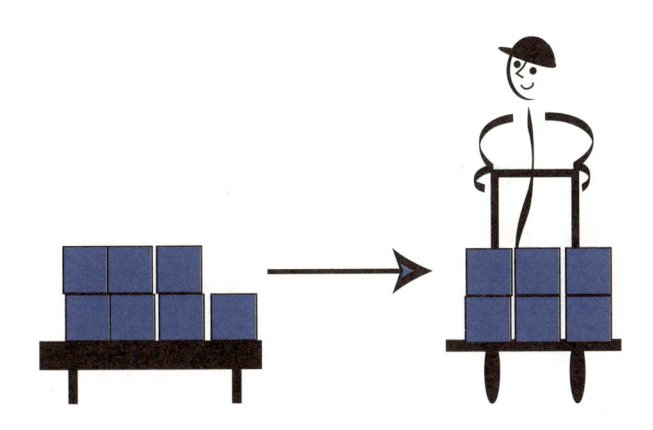

托盘存储及运输小拖车

Apex 有相当大的一部分零件是按照大批量的方式进货的，如一些紧固件。Apex 根据物料补给理念取消了整箱送货的模式，改用物料员先拆分为较小料箱，再进行配送的方式。

常见的 PFEP 分类

决定存储地点的时候，通常有下列几种方法：

● 按容器的宽度来分类，尽量使用现有的流利式货架；

● 按容器的高度来分类，将同样高度都集中到一起，使每个物料架的层数尽可能相同；

● 考虑人体工程学，按重量分类，将重的、体积大的物料放在低处的货架上。

现有的存储区域该怎么办呢？而且零件会不会找不到？

我们遇到了很多管理者在实施精益物流系统的时候，舍不得摒弃传统仓库存储方式，反而把物料架放在超市区，零件会不翼而飞（在某些工厂里叫作缩水）。

我们的经验是取消中央仓库，将外购件放置在收货区旁的超市里，同时将在制品移至生产工序旁的在制品超市。这是一项高效的投资，所有运作都清晰明了，物料管理更加容易操作。由于超市透明化，生产管控部门频繁地到超市来，因此零件失踪（缩水）也不再是一个问题。当然，你或许会有一些特别昂贵的零件需要特别关注，也可以将它锁在一个特别的物料区，由专人来管理。

B．建立一个地址系统

建立外购件超市需要一个地址系统，这样才能有效存储以及捡料。Apex 建立了一个地址系统，用字母代表纵向位置（在第几列），用数字代表横向位置（在第几排）。另外，用一个区域码来指明物料架在超市的哪个区，因为外购件超市将会包含很多区。比如，1A4 就表示这种零件在 1 区、A 列、第 4 排。

Apex 在整个工厂采用了一套地址系统，用来定义每一个生产单元的具体位置。这不仅是精益物流系统所需，同时也解决了 Apex 过去常遇到的瓶颈，即可以将零件准确地配送到需要的地方，包括机器设备、生产单元、组装线等。随着全厂的布局变更，许多设备都被移动了，若没有一套明确的地址系统来定义设备位置，将会是一个不小的问题。

地址系统将每个生产单元的位置都标示了出来，按照就近的柱子编号。比如，14 号生产单元的编号为 C3；并且在每一个生产单元附近悬挂了地区标志牌。这套系统不仅提高了物料配送效率，也缩短了处理事故和紧急状况的时间。

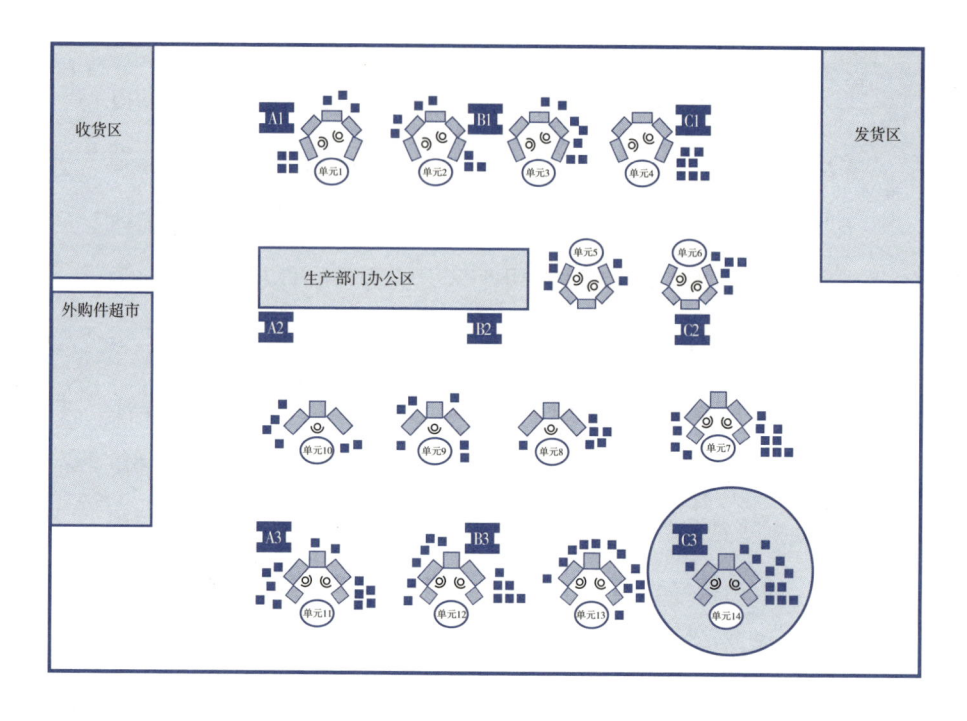

Apex——位于 C3 柱子旁边的 14 号生产单元

（注意，在一个有上千平方米或更大面积的工厂里，一个精确的地址系统是必要的。比如，如果柱子之间的跨度非常大，许多生产单元都在这个跨度里，你就需要在地址系统中再增加一个标志，比如到距离大柱子的距离。例如，生产单元 14 号在 C3-5 ——距离 C3 的柱子 5 英尺左右。将生产单元的标志和对应的看板卡使用同样颜色也许更有帮助。）

如何处理螺母、螺钉、紧固件及其他的小零件？

精益物流系统不仅要管控好主要零件的库存，也要注意诸如螺钉、螺母等小零件的库存。通常不会将这种小零件存放在流利式货架上，而将这些大批量的标准件存放在固定料架上；分成两箱，一箱供物料水蜘蛛取货，另一箱作为备用。也就是说，最低库存是一箱（不一定是满箱），最高库存是两箱。将这种小零件的存储位置从生产区移到外购件超市可以大大降低库存，不同的生产单元都可以从外购件超市取货，避免了在工厂不同地点存放同样的零件。

最小值1：最大值2

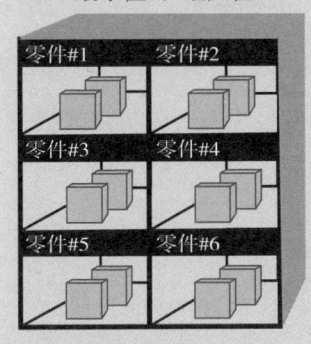

为通用件容器设计的固定料架

Apex 之所以能将零件从超市 (1, A4) 成功配送至生产单元 (14, C3)，外购件超市和有效的地址系统是两个关键要素。

C. 建立一套提货与取货的拉动看板信息系统

Apex 希望外购件超市不仅便于取货、存储，同时能保证零件先进先出（FIFO），避免囤积过期，所以特别对超市的通道进行了设计。

来料入库通道使用频次相对较低；倾斜的流利式货架利用重力可以自动下滑到物料架的前端。这样就保证了先进先出。

取货通道使用频率高，因此设计时可以考虑一条通道，让物料水蜘蛛（将零件配送到生产单元的物料员）或超市保管员两边取货。因为提取零件（按小时）要比上料（按天或周）频繁得多，所以一定要给物料水蜘蛛设计一个高效的工作环境。

物料处理流程

物料水蜘蛛：隶属生产管控部门，负责将外购件配送至生产单元，并收集生产单元的拉动信号看板。在一个"单人捡料和配送"的配送路线上，物料水蜘蛛可能还要兼顾超市捡料的职责。

超市保管员：隶属生产管控部门，负责从外购件超市提取零件，并装载到物料水蜘蛛的配送车上。在一个"单人捡料和配送"的运输路线上，物料水蜘蛛和超市保管员可以是同一个人。在"两人分别捡料和配送"的运输路线上,超市保管员负责提取零件,物料水蜘蛛负责配送。超市保管员在库存降到最低时负责发出补料信号,并在库存超量时进行跟进处理。

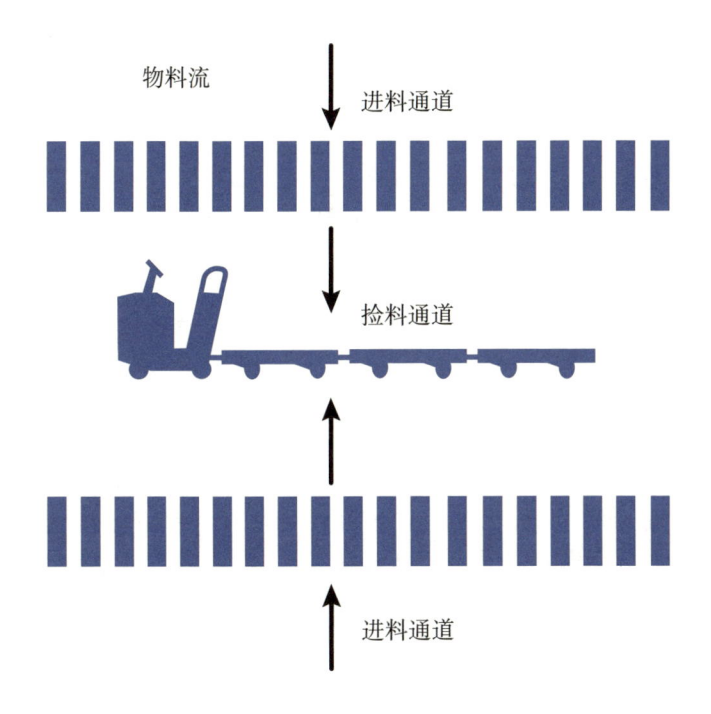

Apex 外购件超市的运作

按照捡料顺序来规划零件位置

随着其他生产单元和价值流零件的增加，Apex 按照运输路线上各种零件的捡料顺序，来规划不同零件在外购件超市的存储位置。只要条件允许，零件总是按照捡料顺序在超市定位，简化了超市保管员和物料水蜘蛛的工作负荷（可能是同一个人）。

保持"先进先出"

当某种零件占据很多层料架的时候，保持先进先出的顺序非常重要。超市保管员需要按照一个标准的顺序提货，比如从左到右或从上到下，同时用一个小卡片来标记下次应该从哪里开始取货。根据零件的使用情况，从料架后端开始补料。通过供应商增加送货频次可以稳定地降低库存，同时简化先进先出的维护工作，因为不再需要多层的存储物料架了。

D. 制定应对库存超量的处理程序

我们在规划最高库存量的时候总是假设不会超出。然而，供应商的超量运输，或是生产没能按预期完成客户订单，或是一个错误的订单，都会造成 Apex 发生超出最高库存量的情况。因此，必须采取应对措施来处理此类问题，一项对策是在外购件超市附近建立一个库存溢出区。有些管理者可能会潜意识地隐藏这些问题，但是 Apex 采取了积极的态度，让库存溢出区的问题尽可能暴露出来。因为这样容易引起相关部门的注意，迫使他们去挖掘库存超量的根源，并提出解决方案。

为了有效管理库存溢出区，Apex 使用一块目视化信息看板来说明有哪些溢出库存，产生的原因，以及应对的方案。这块看板需要有明确的使用规章制度，以便将问题透明化，并快速地解决问题。

Apex 还建立了一个将库存溢出区的零件返回外购件超市的流程来管理溢出区的库存。超市管理员需要每日检查溢出库存信息看板，以及外购件超市的库存量，一旦条件允许就将溢出的库存尽快地返回外购件超市。（精益物流系统一旦建立起来了，一个改善项目就是系统化的追踪溢出库存，挖掘真正根源，并提出解决方案。）

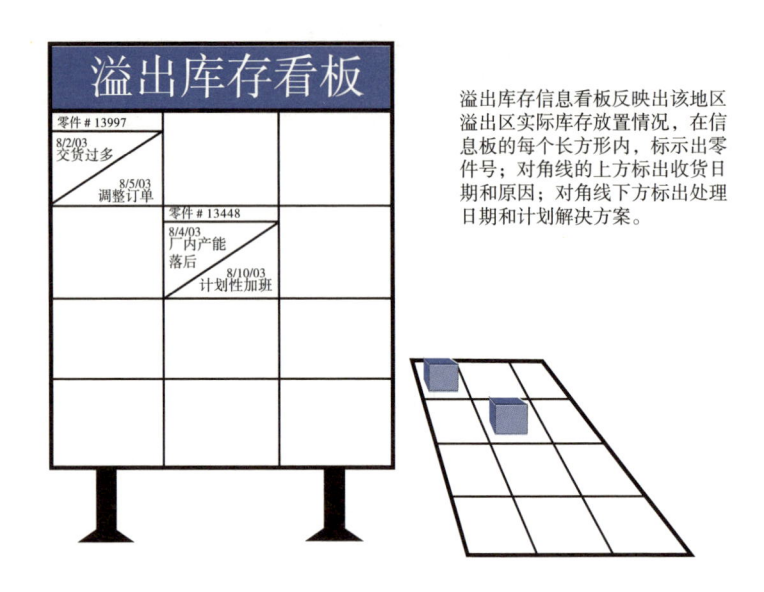

溢出库存信息看板和库存溢出区

E. 确定最低库存量和订货点，并做好应急预案

在建立外购件超市时，最重要的一个任务就是当库存量降到危险值时，立即采取应急措施，避免生产中断。这个危险值就叫作最低库存量。最低库存量的产生通常是由于：供应商没能按要求交付零件；运输途中遇到问题；Apex 采购人员没有及时下单；生产过量消耗。

设定一个最低库存量远比设定一个最高库存量复杂得多。在权衡了额外库存的成本以及生产中断导致客户失望的成本后，Apex 决定将最低库存量定义为"维持生产到供应商将零件快递至工厂的量"。这和 Apex 从前的作风完全不同，以前是等到零件用完了，生产不得不停止的时候才宣布事态紧急。

在精益物流系统里，遇到最低库存量就意味着生产超量了，或是采购异常，或是供应商出了问题。最重要的是，生产管控部必须立即采取行动。

在外购件超市建立看板拉动系统

一旦 Apex 建立了外购件超市，它就和相关供应商构成了一个体系。这包含从超市中提取供应商送货看板，然后通过送货卡车或者其他电子方式传递至供应商处。当然，也可以通过 MRP（就像 Apex 的现状）或者其他方法来传递信息。本书的目的是提供一个建立拉动看板系统的指南，即使目前你的工厂还不具备拉动生产的条件。

最小值2
最大值22

我必须立即采取行动。已经到了最低库存，而且必须加急处理。

外购件超市的流动货架

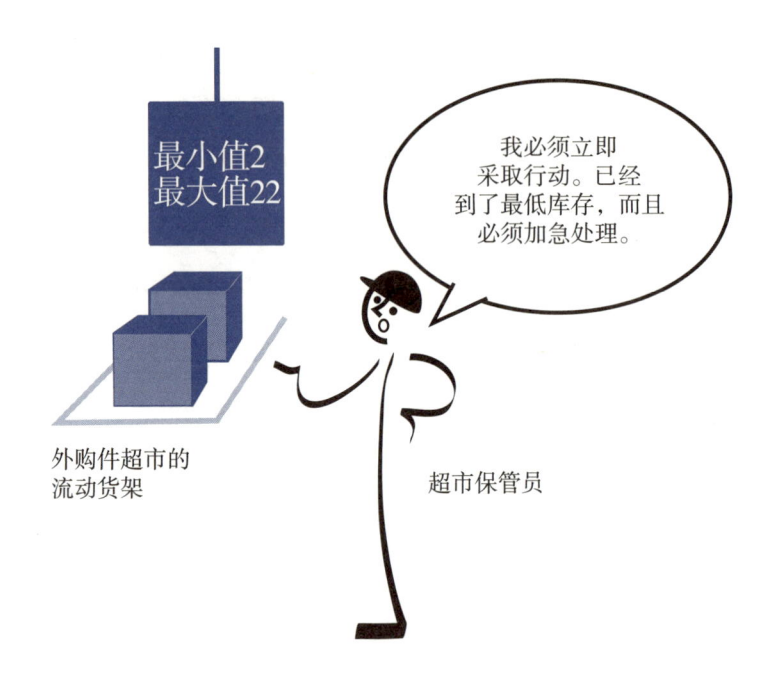

超市保管员

什么时候需要启动补货？

Apex 从 Sun 制造厂采购的零件号 13456 的最低库存量是依据供应商每周送货一次，但是在紧急情况下 Sun 制造厂可以在 6 小时内将零件送到，包括下订单的时间。因为 Sun 制造厂有 2 天的成品库存，而且运输很少受到天气的干扰，所以 Apex 对 6 小时的送货时间很有信心。因此，最低库存量定为 18 个包装容器（也就是 6 小时乘以每小时最多 3 包装容器的用量，见下表）。

当零件号 13456 的库存降到 18 个包装容器的时候，生产管控部门就会自动向 Sun 制造厂下达补货订单，要求零件紧急送到。

最低库存量的计算

沟通及准备运输卡车	=	1.0 小时
卡车装货	=	1.0 小时
运输时间	=	3.5 小时
从收货区送至生产现场	=	0.5 小时
总的紧急运送时间	=	6.0 小时
补充到外购件超市的最短运作时间	=	6.0 小时
6 小时 × 3 箱/小时	=	18 箱（最小箱数）

如果 Sun 制造厂没有 2 天的成品库存，那么 Apex 就要将该公司生产该零件的周期时间计算到最低库存量里去。

当库存降至最低库存量时，Apex 员工应当像没有零件一样对待这个问题！为了制造这种紧张的气氛，就如同没能给客户按时交货一样，Apex 制定了一个处理异常的反馈系统，让相关员工都知道事态严重：负责将零件从外购件超市取出的保管员必须立即通知生产主管，生产主管负责通知生产管控部的经理。每一步通知都不能超过 10 分钟，也就是说，生产管控部经理应该在 20 分钟内知道零件短缺。

最低库存量并不是订货点

最低库存量不是 Apex 的订货点。不然的话，每种零件都得由供应商紧急供货！如果 Apex 的订货系统运行正常，应该在库存量降到最低值之前就已经订货了，理想状态是正好在库存达到最低值之前到货。

外购件超市的问题发现

当 Apex 将 14 号生产单元的外购件集中到一个地点，并建立了外购件超市的操作流程时，他们开始发现并确认了可能出现的问题：

● 存储了远超需要的库存（不仅是在 14 号生产单元，而且是在整个轻型卡车产品系列的生产线，同种零件被存放在不同的生产单元）。

● 某些零件太多而某些零件又太少，因为库存没有进行可视化的管理。

● 因为缺乏先进先出的物料管理，许多零件存放了很长的时间。

- 库存缺乏有效的控制。

> **对于单位包装数量较大的小零件的紧急补货启动原则**
>
> 对于单位包装数量较大的小零件，比如螺母、螺栓以及其他紧固件，紧急补货启动的流程和一般零件略有不同。当零件还有1个包装容器的库存量时，并没有必要启动紧急补货，因为每个容器可能还有上万甚至维持几周生产的库存量。当库存降至1个包装容器的时候，应该在容器内放置一个小标签来标记最低库存。这个基准可以是1/3箱零件或者更少，启动紧急补货的库存计算方法和前文一致。然后计算紧急补货一箱新零件所需要的时间（参见最低库存量的计算）。当库存量降至最低时，下达紧急订单，这个零件最低库存量应该可以维持生产到补货到达。

> **设定最低库存量虽然有帮助，但是仍需要进行紧急补货处理**
>
> 精益物流系统是要确保生产部门在需要的时候能及时拿到物料。一旦零件降至最低库存量的时候，情况已经非常紧急了，如果生产管控部不能及时采取措施，生产就有可能中

断。这个时候，就不得不依靠高昂的快递费来维持生产的正常运作直到库存恢复正常，以免让客户失望。

但是请记住，一个设有外购件超市的精益物流系统并不意味着你永远不需要启动紧急补货了，只是说你现在有一套系统来应对最低库存量在被生产用完之前能紧急补货。问题一旦发生，系统很快可以作出响应，帮助你找出根本原因并解决问题。

外购件超市——成功的关键

- 将外购件超市规划在收货区附近
- 一个有效的地址系统
- 尽可能使用流利式货架
- 为超市中的每种零件设定一个最高和最低库存量
- 建立一个可视化的库存溢出区

第四部分　规划物流配送路径和信息管理系统

第四部分　规划物流配送路径和信息管理系统

规划物流配送路径和信息管理系统

问题六：如何将零件由外购件超市配送至生产单元？

问题七：生产单元如何向外购件超市发出补料信号？何时配送零件，该配送多少？

问题八：物料系统如何运作？

扩大物流路径，提升物料处理效率

将精益物流系统推广全厂范围

规划物流配送路径和信息管理系统

当 14 号生产单元的零件被存放到外购件超市之后，Apex 已经准备好建立一个将零件由外购件超市配送至生产单元的高效物流系统了。(很快我们就可以将物流配送路径扩展到轻型卡车系列的所有产品，甚至另外一个产品系列，为了方便阐述，我们将通过一个生产单元作为案例，向你介绍如何一步步地规划物流配送路径。)

Apex 管理层想要建立物流配送路径和信息管理系统：所有的零件，在需要的时间，按照需要的数量，由物料水蜘蛛直接配送至生产操作员手边。

为了达到这个要求，Apex 的管理层需要：

● 决定如何将零件由外购件超市配送至生产单元，并绘制运输路线图。

● 建立一套看板拉动信息系统，利用拉动信号来启动零件的补给和来料的控制。

● 确定第一个生产单元的零件需求，综合考虑其他生产单元的整体需求后，按规划路径进行配送。

问题六：如何将零件由外购件超市配送至生产单元？

Apex 规划了单向或双向运输路线来向 14 号生产单元配送零件。（日后也会陆续推广到轻型卡车的其他生产单元）。这个路线将包含指定的停靠点，每个零件的使用点，以及精确的配送时间和数量，每一个步骤都会建立标准作业流程。

在启动精益物流系统的时候，Apex 管理层告诉操作员："新的物流路径会像城市的公共汽车路线一样按时接送乘客。"（基于拉动信号送来零件，并带走空的零件料箱和相应的看板卡，也许以后还会延伸到带走成品。）

这和 Apex 从前的物流状态完全不同，物料运送员毫无秩序地在工厂里跑来跑去，忙着配送零件（像一名拉客的出租车司机，每次却只能搭载一位乘客）。

Apex 管理层采取了以下措施来规划物流配送路径：

A. 明确工厂里的运输通道

B. 选择合适的运输工具

C. 确定路线停靠点和配送点

D. 在配送点选择合适尺寸的物料架

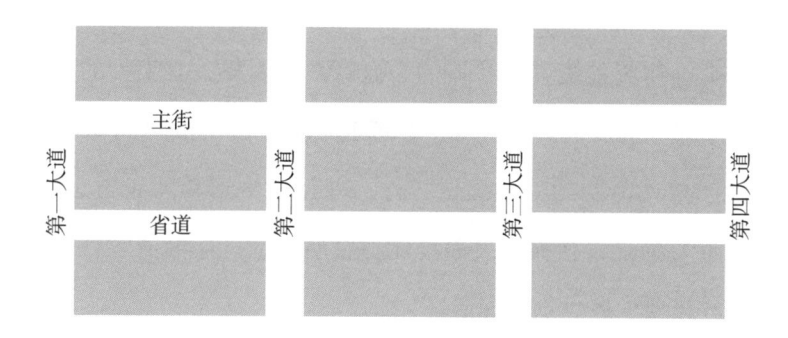

模拟城市街道的运输路线

A. 明确工厂里的运输通道

在规划物流配送路径的时候，Apex 管理层结合工厂现有运输通道，指定了能在外购件超市和生产单元之间高效运输的单向通道和双向通道，来负责 14 号生产单元的外购件配送和空容器回收。

管理层明确了物料车的宽度为 4 英尺，单向运输路线为物料车两边各预留了 1 英尺，因此宽度定为 6 英尺。考虑到会车，双向运输路线需要满足两辆车相向行驶，则为 12 英尺，这在工厂规划其他运输路线时非常重要。Apex 管理层在厂区的地板上清晰地标注了运输路线，并用箭头标示了前进方向。

工厂的生命线

精益物流系统就像身体的心血管系统一样，是工厂的生命线。不仅配送所需要的零件，并带走"垃圾"（空的零件容器），在生产单元需要的时候提供零件，并保持生产单元正常运转。同样重要的是，精益物流系统能整合所有生产单元的零件需求信息并按要求进行物料配送。

零件配送和信息传递最有效的方法是建立起一个精心设计和用心维护的精益物流系统：

- 降低和控制库存；
- 循环式地为多条生产单元配送，因此可以优化员工的工作效率；
- 同一个物料水蜘蛛集配送、空容器及看板回收于一身，省人省时；

- 释放出的空间可供生产线使用；

- 准时、正确地运送零件，使连续流单元的效率最大化。

为确保物流配送路径的安全和高效，Apex 明确规定：

（1）除非有特殊原因并得到许可，物料车除了配送路径之外，不允许出现在其他任何地方。

（2）唯有物料车才能行驶在物流配送路径上，其他员工、物料和障碍物都不允许出现。这些规定确保了 Apex 的物料水蜘蛛可以持续地标准化作业。

（3）如果物料水蜘蛛因为某些障碍而不能执行标准作业，那么配送频率肯定会受影响。为了确保配送频率，即使是管理层和物料水蜘蛛协调后，也必须和物料水蜘蛛同行以确保物料被准时送达。

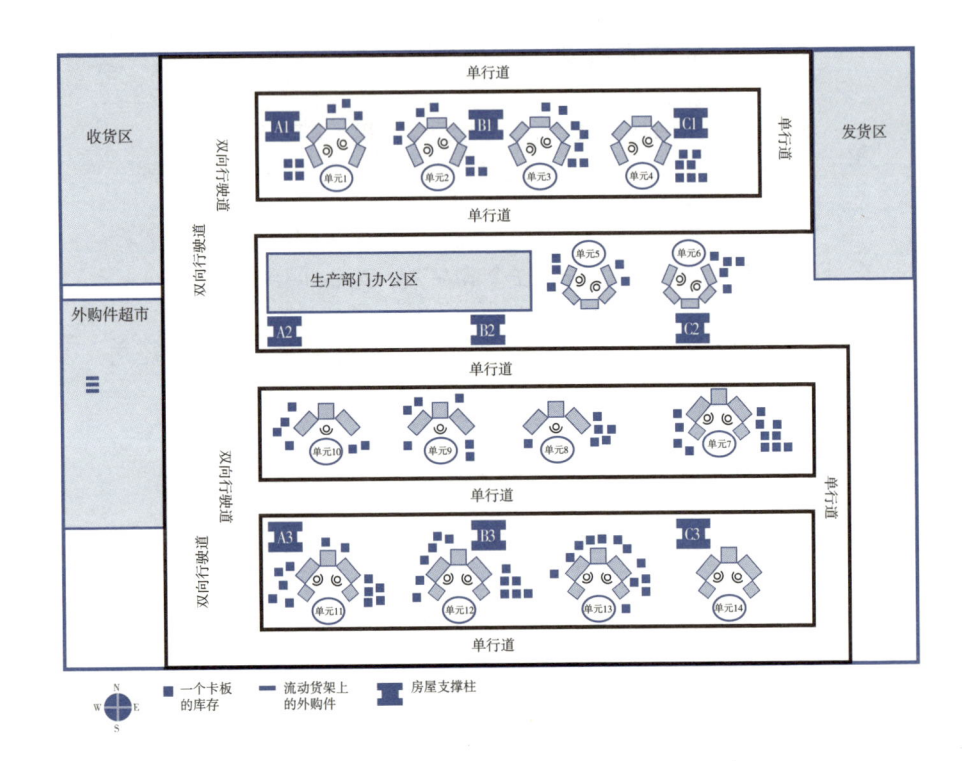

Apex——物流路径规划示意图

B. 选择合适的运输工具

物流配送路径规划好之后，Apex 就需要选择一种合适的运输工具将零件从外购件超市配送至生产单元了。运输工具有很多种，对于同一个工厂也许有不止一种适用的工具（见下一页的注释）。Apex 管理层参考了几种不同的运输工具，最后选择用一辆牵引车来拖动几辆小平板车的方式，每辆小平板车上都可以装载一定数量的外购件。选择的理由：他们觉得工厂太大了，如果采用步行或者自行车来牵引小平板车都不合适，而叉车又太大并且不安全。

同一条路线上所需的零件数量决定了小平板车的数量。值得注意的是，Apex 所有小平板车都装有万向轮，这样便于转弯，即使急转弯也没有问题。

规划物流配送路径

运输通道并不必须是一条直线到底，但是必须清楚地进行标记，并且宽度合适。很多传统的制造业直到现在还没有进行物流配送路径的规划，其结果就是工厂的空地上随处堆放库存。

有时候绕道也在所难免，对于某些昂贵且难以频繁搬动的巨型设备来说，搬迁的风险太大，所以运输通道不得不绕过它们。

运输路线绕过巨型设备

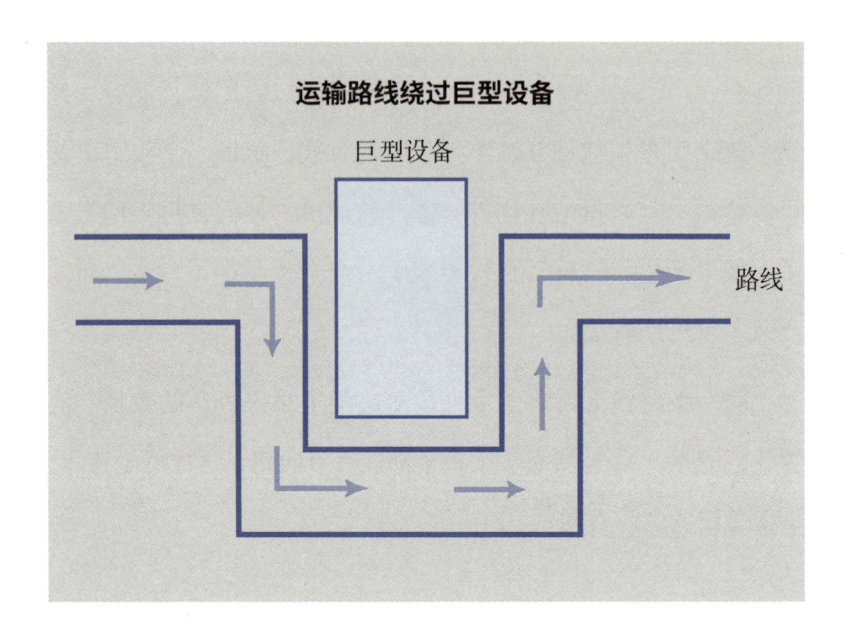

巨型设备

路线

运输工具

● 牵引车：当外购件超市到生产单元的路程比较远，运输量又比较大时，这通常是最有效的方法。牵引车可以同时拖动多个装满零件的小平板车，并配送至不同的生产单元。如有需要，可以在小平板车上装置万向轮，方便转向。牵引车司机开车时最好是站着而不是坐着，因为物料水蜘蛛可以轻易地上下牵引车，更加符合人体工程学，配送也更加高效。

拉着小平板车的牵引车

●步行：物料水蜘蛛推着一辆装满零件的小车进行配送，这种方式比较适合外购件超市离生产单元比较近，并且零件也比较轻的情况。另外，当该区域的空间无法满足牵引车通行的时候，步行也是可选的解决方案。

●自行车：当区域的空间规划无法满足牵引车通行，而数量又无法让物料水蜘蛛轻松操作时，这是一种合适的解决方案。然而，一辆自行车通常只能拉动一到两辆装满零件的小平板车。

●叉车：一般工厂应尽量将叉车的使用限制在收、发货区，除非特殊情况，比如施工或者设备移动，否则不能出现在生产区域；而且叉车设备昂贵，需要更宽的运输通道，可能还会造成严重的安全事故。再则，生产区往往需要少量多频次的运输，而叉车只适合运输整板的零件，因此它并不是一种有效的运输方式。

C. 确定路线停靠点和配送点

Apex 管理层参考了现有的工厂布局（仔细地按比例进行绘制），初步规划了一条 14 号生产单元以及其他未来可能加入的生产单元的配送路径图，并标记出了停靠点之间的距离，因为这决定了物料水蜘蛛的配送时间。必要的时候，Apex 管理层也会亲自到车间去进行实地测量。

注意，零件的配送点和牵引车实际停靠的位置并不一定相同，将停靠点安排在可以同时补给多个生产单元的位置，这样物料水蜘蛛就不需要在每个配送点都上下车，从而节省了时间。

如果无须亲自到现场去实地研究，就能在办公室里用一些简单的公式将物流路径规划出来，那简直是太美妙了，但这根本是不可能的。Apex 管理层首先设计了一个初步的配送路线，然后计算配送至每个生产单元的零件实际需求量（后面章节会进行解释）。紧接着他们开始测试路线，结果发现一部分停靠点的位置不得不进行调整，有些甚至被合并，当最终位置被确定后，现场每个配送点和停靠点都被清晰地标示出来，停靠点位置设置了停车牌，并用箭头标示了配送方向。

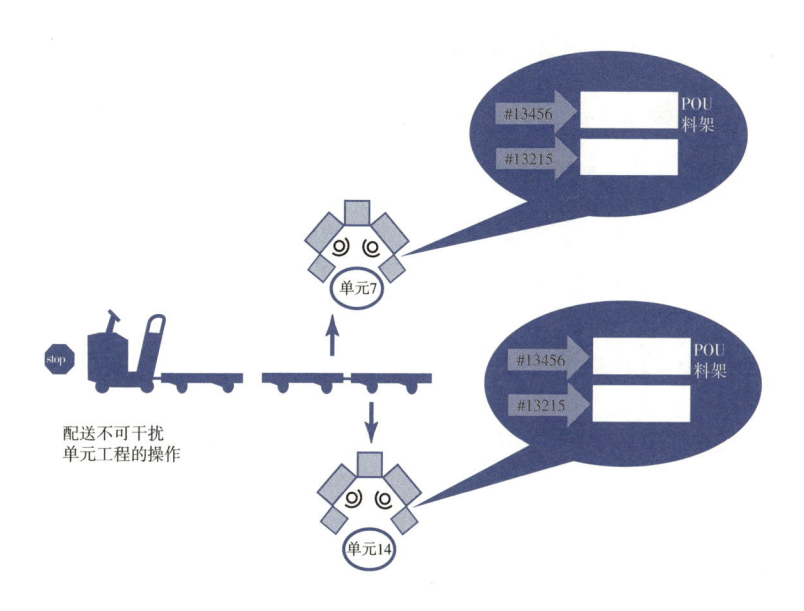

单停靠点对应多个配送点

D. 在配送点选择合适尺寸的物料架

当从过去的工艺专业化布局（Process Village）的车间转变到工序专业化布局时，Apex特别注意将零件存放位置尽量设置在工人触手可及的地方。然而，由于考虑得不够系统，并且受限于零件整板运输，实际操作中，即使生产所需的零件已经到位了，操作员和现场班组长仍不得不经常放下手中的活儿，将成板的零件搬到生产单元中去。

Apex 管理层意识到他们需要给生产单元的零件设计适当大小的物料架（Point of use，POU）。这些物料架通过重力原理能直接将零件从生产单元的一端下滑到操作员的手上。他们委托工程部根据包装容器的类型和零件的数量，为每个生产单元设计了大小合适的物料架。

Apex 的 POU 料架有很多用途：

- 供物料水蜘蛛配送零件；

- 供生产操作员放置空容器，然后由物料水蜘蛛回收这些空容器；

- 供物料水蜘蛛收集拉动信号看板；

- 使生产操作员不需额外的动作就可以拿到零件。

通过精心的设计，Apex 的 POU 料架可以让物料水蜘蛛直接将零件从生产单元外部配送至生产工位，然后从下端回收空容器。Apex 的物料水蜘蛛不需要进入生产单元，避免干扰生产操作员的正常作业。同样重要的是，Apex 的生产操作员再也不用离开自己的工作岗位，去取零件或者处理空容器了。

POU 料架的重要性

POU 料架能将零件直接下滑到生产操作员手边。这与配送至送货点（Point of drop）完全不同，因为，如果零件仅被送至生产单元附近，操作员就不得不离开工作岗位去取料，如果被送至生产单元内部，则会干扰正常的生产运作。

当操作员受到干扰的时候，生产单元创建的连续流的标准作业就会遭到破坏。既然物料供应破坏了连续流，那又何必按照《创建连续流》工具书里的步骤，费尽周章地优化生产单元的各个元素，追求连续流作业呢？

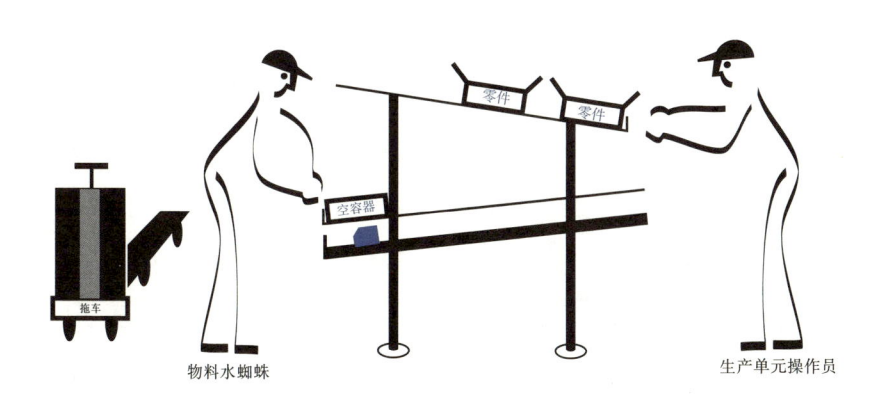

生产单元中的 POU 料架

明确 POU 料架位置后，Apex 管理层面临的新挑战是：决定物料架零件和空容器的存储能力。Apex 制定了一个简单的规则：POU 料架上任何一种零件的存量都是每一趟配送数量的两倍再加上额外的一箱。

举个例子，如果 Apex 决定按 1 小时的时间间隔安排配送路线，那就意味着 1 小时所需的零件被送到时（假设物料水蜘蛛事先收到了一个拉动信号），操作员旁边 POU 料架上刚好存有 1 小时所需零件的容器数量。再加上前 1 小时所消耗的空零件容器。丰田公司称之为"每小时送货一次，线上有 2 小时库存"，操作员使用 1 小时零件的同时，还有 1 小时的补充量。

Apex 相信生产线边的零件库存空间，既可以避免因 POU 料架空间不足导致物料水蜘蛛不得不将零件返回到外购件超市去的情况，又可以预防生产单元零件短缺。举个例子，如果物料水蜘蛛遇到问题延误了 1 小时，生产操作员还是可以用物料架上的零件来维持生产。抑或，如果一个生产单元生产中断，物料水蜘蛛就没有办法向 POU 料架上料，而不得不将零件容器放在地上。这是一项非常好的目视化管理措施，显示出生产单元遇到了问题，生产单元组长或区域主管必须立即解决问题。

2 小时在线库存，每 1 小时补料一次

从外购件超市出发沿着路线正在配送的零件	1小时的库存量
生产单元操作员正在使用的零件 （包含POU货架上的零件）	1小时的库存量
拉动信号提示将要补充的零件	1小时的库存量

参考 PFEP，并假设 1 小时的配送间隔，Apex 可以计算出每个 POU 料架的存储空间。方法是：在双倍的每小时零件需求量的基础上，再加上一箱，最后取整（如果必要的话）。例如，零件 #13456 的 POU 料架，如果每小时配送一次就必须能够存储 7 个容器。

零件 # 13456 的 POU 料架

零件在料架上的储存量	= (每小时使用的容器数量 × 2小时) + 1个容器*
#13456	= (3 箱 × 2) + 1 箱 = 7 箱（如果非整数，直接进一化整）

* 额外的1箱以应对可能出现的特殊情况——物料水蜘蛛可能提早几分钟到达，或者生产单元操作员可能会延误几分钟才能完成作业。另外，当物料水蜘蛛到达时，料架上已经有1小时的库存量，再加上操作员目前正在作业的箱内所剩余的零件数目。物流水蜘蛛需要有空间能将手上1小时的物料放在料架上，这就是为什么使用点的料架需要被设定为能够存放2小时的使用量，再额外加上1箱的存储空间。

同时，Apex 也将回收斜槽结合到了 POU 料架的设计中。这

第四部分　规划物流配送路径和信息管理系统　/　087

个回收斜槽用来放置已使用过的空容器，且便于操作员轻松放置。然后利用重力将空容器滑至生产单元的另一端，由物料水蜘蛛进行回收。回收斜槽的容量应该和进料架一样，这样操作员就不必担心没有地方放置空容器了。类似地，Apex 设计了一个斜槽来处理拉动看板卡(后面章节会做介绍)，这样生产操作员就可以轻松地将拉动看板卡从容器上取下，并放置到回收斜槽中，传递给物料水蜘蛛。

问题七：生产单元如何向外购件超市发出补料信号？何时配送零件，该配送多少？

Apex 新物流系统的关键在于生产单元需要的时候，能及时补充所需的零件，因此，我们需要从单位时间所需的零件量开始考虑这个信号系统。

在 Apex，MRP 系统会给每个生产单元制订一个周生产计划表，计划生产的产品与数量。用每周的工作时间除以需求量，可以得出每个生产单元的节拍时间。

节拍时间 = 某一特定时间内（此处是以周为单位举例）可用的生产时间 /（除以）客户需求

事实上，由于零件短缺，Apex 的生产单元很少能够稳定地按节拍时间连续生产。即便如此，物料系统也必须按满足节拍时间的目标产量来设计。

Apex 原有的物料系统不管生产是否需要，都根据 MRP 的指示将零件配送至生产单元，是一种典型的推动系统，如本书第 5 页价值流图中条纹箭头所示。同时，生产单元操作员在零件短缺时才发出信号，或离开工作岗位像寻宝一样满厂去找零件。如同价值流图中的虚线箭头所示的紧急供应，这是一种原始无效率的"拉动"系统。

拉动要比 MRP 好，你不必等到建立精益物料系统时才开始拉动

如果每个生产单元都根据成品超市发出的拉动信号来进行生产，并且用看板来表示需要生产的产品及数量，Apex 的物流系统会运作得更高效。这里所说的运输路线是指将成品从生产单元运送到成品超市，并且将生产看板从成品超市的均衡柜里送回生产单元的过程。

然而，目前很少有工厂能做到像《创建连续流》中的那样，有一套完整的精益系统；本书中介绍的案例其实更加典型。需要注意的是，精益物流系统能否运作良好在于我们能否详细地计算出每次配送间隔时间内零件的最大需求量，同时物料系统能否保证生产高峰期准时配送。

相比之下，新的精益物流系统通过拉动信号来精确管控零件配送时间和数量，这就可以让 Apex 更有效地追踪零件和管理库存。更重要的是，生产单元操作员可以把更多的精力与时间都用来为客户创造价值。没有生产订单的时候，他们也可以进行改善，或维护生产单元的整洁。

为了建立这个良好的管理系统，Apex 管理层采取了以下四步措施：

A. 实施拉动系统，生产单元只从外购件超市提取所需零件

B. 确定生产单元的补料频率

C. 明确拣料和配送由同一个人负责还是不同人负责

D. 计算每种零件的看板数量

A. 实施拉动系统，生产单元只从外购件超市提取所需零件

拉动信号能够帮助生产单元清楚地表达零件的补充信息。拉动信号有很多种类（见92页），Apex 选择了看板卡片。看板

卡片可以被用来指示生产，称为生产看板，而 Apex 的物流系统用它来指示物料水蜘蛛从外购件超市提取零件并配送至生产单元，我们称之为取货看板。

Apex 管理层同时制定了严格的规定：拉动信号是可以从外购件超市取货的唯一凭证，没有取货看板就不可以移动任何零件。

Apex 的看板卡内容包含零件编码、外购件超市的储位地址、精确的配送地址，以及该零件在使用点的看板数量。（在 Apex，同样的零件编码往往会被配送到不同的使用点，所以，看板上同时列出零件编码和配送点是非常重要的。）

生产单元14		
存储位置	零件#13456	运输地址
外购件超市	品名：软管	C3
1，A4	拉动看板-9号	停靠站点#

Apex利用颜色区别每一个生产单元的拉动信号（看板卡片），第14号生产单元的卡片是蓝色的。

拉动信号

Apex 使用的是普通的长方形小卡片，但是看板卡片可以做成不同的颜色或不同的形状（比如圆形、三角形或者正方形），来对应使用该卡片的不同生产单元和价值流。设计看板卡片的目的是防错，以便让每个人一眼就能识别出这张卡片是属于哪个生产单元或价值流。Apex 为每个生产单元的看板卡指定了一种颜色（比如，14 号生产单元的是蓝色）。

拉动信号

　　拉动信号包含很多种方式，比如信号灯、空的零件容器、看板卡片，以及电子信号灯。

- 信号灯适合体积大、笨重的零件，比如挡风玻璃或排气系统，这类零件不适合安排在标准运输路线里。当生产操作员的库存达到补货点时，可以拉开信号灯，通知生产管控部门运送一箱新的零件。通过信号灯来拉动的零件一般都是按需求运送的，这叫作定量不定时（Fixed-quantity, unfixed-time conveyance）的补给系统。[相反，Apex 管理层为轻型卡车生产线选取的看板系统叫作定时不定量

(Fixed-time, unfixed-quantity conveyance)的补给系统，配送间隔时间是固定的，但每次的配送量可能因物料水蜘蛛前次提取的看板数量而改变。]

●空容器可作为拉动信号，但是要求每个零件必须有专门设计的容器，而且存储位置在生产单元的可视范围内。如果不在视线范围内，就很容易出问题。专门设计的容器是指：只有这种零件可以装入该容器中。在通用容器上用标签来识别并不十分有效，因为标签是很容易被更换的。如果使用空容器作为拉动信号，那么当数量增加时就需要安排更多的容器，每次增加新零件时都需要专门设计新的容器。

●看板在日语里是信号或信号板的意思，看板卡片是指一张卡片包含了零件编码、零件描述、使用地点等信息。这张卡片通常装在一个透明的保护套里，随附在每个容器上。通过看板卡片，工厂可以用一种通用的容器来配送不同的零件到不同的使用地点。从精益的角度来看，我们建议容器的种类不要太多，一般来说一个工厂不需要超过5种不同尺寸的容器。看板卡片非常经济，便于更换，且易于操作。如果可能，尽量将看板卡片做得大到不能装进口袋，以防被误放。

B. 确定生产单元的补料频率

Apex 的下一步是确定配送补料频率。原则上，补料次数越频繁（假设标准容器的大小是可以调整的）在线库存量就会越少，而且应对需求量变化的能力也就越强，这是个好的结果。但是，频繁的配送也会增加成本，比如物料水蜘蛛需要花费更多的精力，或者需要购置更小的容器。同时也需要供应商的配合，采用较小的容器，这样不需要增加额外的人手将外购件超市的零件从大容器转移到小容器。

Apex 管理层需要在物料处理效率（多批量、少批次）和低库存成本（多批次、少批量）之间权衡。最终，Apex 决定采用每 1 小时补料 1 次的频率，这似乎是个最好的方案。

Apex 在 8 小时的轮班期间可以进行 7 次配送，并预留了交接班、午饭及茶歇，以及清洁打扫的时间。（注意：休息、午饭以及班后清扫占用的 1 小时，不能影响正常配送，如果生产单元需要加班，那么物料水蜘蛛也必须加班，将零件继续按小时配送至生产单元。）

何时取出看板卡片

在生产单元内，仅当生产操作员取出了容器内的第一个零件生产时，才可以将看板卡从容器中取出，并回收到POU料架的看板卡片槽里。如果操作员在没有开始生产（或是生产停滞了，或是比预期的要慢）的时候就取出看板卡片，那么就可能在生产工位（POU料架）里堆积不必要的库存。如果操作员在用完了所有的零件后才取出看板卡片，那就可能会断货。

C. 明确拣料和配送由同一个人负责还是不同人负责

Apex管理层认识到将零件配送至生产单元主要包含两个方面：一方面是基于前一轮收集回来的看板卡进行拣料备料；另一方面是沿指定物流路径进行配送。拣料和配送可以都由一个人来完成，也可以被分开，如果被分开，则需要另外安排一个超市保管员来进行拣料备料。

对于定时不定量的配送模式，我们的经验是拣料备料时间通常会占一个循环时间的1/3，这时可以选择由一个物料水蜘蛛来完成整个拣料及配送过程。也可以选择一个物料水蜘蛛负责配送，另外一名超市保管员负责拣料备料，在这种情况下通常会配置一部牵引车和两部小平板车。物料水蜘蛛开着小牵引车配送回来后，将看板卡片交给超市保管员负责拣料备料，然后物料水蜘蛛将牵引车换上另一组超市保管员已经完成配料的平板车，在指定时间开始配送物料。

为了简化试运行，Apex管理层决定先由一个物料水蜘蛛完成整个拣料备料及配送的过程。后续当Apex需要推广到其他生产单元时，再尝试将拣料备料和配送分开。这样一来，一个物料水蜘蛛可以在较长的时间内为更多的生产单元进行配送，与此同时，超市保管员则可以专心地进行拣料备料，从而大幅度地提高效率。

Apex管理层根据多年的经验建立了一条配送准则，就是一个循环配送路线上，拣料备料时间不能超过每次配送时间的33%（20分钟）。同样，实际配送的时间不能超过剩余时间的33%（也就是40分钟的33%）。当物流路径的变化导致配送时间超过了这条准则，Apex管理层就需要重新审视这条物流路径的安排是否合理。

按小时配送准则

最长装货时间	全部时间的33%	20分钟（0.33×60分钟）
最长行驶时间	非装货时间的33%	13分12秒（0.33×40分钟）
路线上搬、卸货时间	非装货时间的67%	26分48秒（0.67×40分钟）
全部时间	1小时	1小时

* 如果装货时间少于33%（20分钟），则最长行驶时间也可以再长会儿。

D. 计算每种零件的看板数量

为了成功地运行拉动系统，Apex 管理层需要计算系统中每种零件在每个使用点的看板数量，这需要下面四项信息：

1. 配送频率（已确定为 1 小时配送一次）

2. 决定拣料备料与配送由同一个人负责还是不同人负责

3. 每个配送周期内零件的最大补充量（和每小时的最大产出成正比）

4. 每个零件的标准包装数量（列在 PFEP 中）

> **配送频率和生产速度**
>
> 单位小时产出是计算配送频率非常重要的指标，计算配送频率应该基于生产单元设计的最大产出来进行。一旦配送频率和物流路径都确定了，物料配送就形成了一个按部就班的补充系统。物料水蜘蛛只需负责补给那些发出拉动信号的零件。

像前面提到的，Apex 的物料水蜘蛛在一个循环系统上由一个人完成拣料和配送。在配送过程中，将零件放在生产单元指定的位置，并回收看板卡片及空容器，回到外购件超市后，再按照看板卡来提取零件并进行装车，准备新一轮的配送。

在这个循环系统中需要多少个看板卡片呢？当你仔细观察后，这道计算题就会变得很简单。当物料水蜘蛛按照 1 小时配送频率回收看板卡时，正常情况下应该是 1 小时的需求量。此时，POU 料架上应该有前 1 小时送来的供这 1 小时生产的零件，而下 1 小时的物料刚刚运到。所以，这个循环系统中的总看板卡数量应该是一次配送容器数量的 3 倍。

这个方法可以适用于任何一个配送频率：循环系统中看板数量等于一次配送容器数量的 3 倍。比如说，如果配送频率增至 30 分钟一次，而每个容器只能装有供 15 分钟生产的零件，即每 30 分钟最多有 2 个容器的零件送到，系统中看板的数量就应该是 6 个（2 个容器 ×3）。相似地，如果配送频率降到 2 小时一次，生产效率和容器标准都不变，那么系统中的看板数量将是 24 个（8 个容器 ×3），因此，配送频率的变化将极大地影响看板卡数量以及在线库存量。

"单人拣料和配送"与"两人分别拣料和配送"

虽然现在 Apex 采用的是单人拣料和配送的物料系统，但日后也可能会采用两人分别拣料和配送的物料系统。要注意的是，两种不同的物料系统对看板卡数量的要求也会有所不同。

在两人分别拣料和配送的物料系统中，物料水蜘蛛在生产单元回收看板卡并带回到外购件超市交给超市保管员，随后将已经装载好的零件继续下一次配送，超市保管员则按照刚接收到的看板卡装车。整个过程由物料水蜘蛛和两名超市保管员一起协作，并配有一部牵引车和两部小平板车搬运零件。

"单人拣料和配送"和"两人分别拣料和配送"运输时间对比

运输方式	频率	运输物料的可用时间	物料水蜘蛛在外购件超市作业时间	外购件超市保管员作业时间
单人拣料和配送	1小时	40分钟	20分钟	0分钟
两人分别拣料和配送	1小时	60分钟	0分钟	20多分钟

在一个单人拣料和配送的物料系统中，看板卡的数量是配送频率（1小时）的3倍，1小时的零件刚刚送到，1小时正在消耗，1小时待补货。而在一个由两人分别拣料和配送的物料系统中，总的看板卡数量是配送频率（1小时）的4倍，1小时的零件刚刚送到，1小时正在消耗，1小时待补货，还有1小时正在对外购件进行装车。

两种不同物料系统对应的看板卡数量

1小时单人拣料和配送方式的看板张数=3×配送间隔的消耗量
1小时两人分别拣料和配送方式的看板张数=4×配送间隔的消耗量

Apex管理层基于"单人拣料和配送"物料系统的信息和公式计算出第14号生产单元的零件#13456的看板总数为9张。这就意味着，物料水蜘蛛补货到生产单元并回收看板卡，再回到外购件超市进行装车，整个过程该零件的看板卡数量不超过9张。

计算"单人拣料和配送"的看板数量

$$\frac{每小时用量 \times 3倍的运输频率（单人拣料和配送方式）}{标准容器数量} = 回路中的看板数$$

零件#13456的看板总数 = 9

$$\frac{90 \times 3}{30} = 9张看板^*$$

*记得进位取整

基于系统中的零件的看板数量可估算实际的库存量

如何估算实际的库存数量？其实对于精益物流管理者来说并没有那么难。有个要诀：系统中的看板数量是估算实际库存的一种又快又好的方法。因为每个容器都必须有一张看板卡，而每张看板卡都代表了一个确定的数量。如果系统运行正常，就不可能存在没有附上看板的零件。

想知道在某个特定时间某种零件的具体库存，只要看一下有多少张看板卡，然后用这个数乘以每张看板所代表的零件数量就行了。这个数字不一定精确，因为生产操作员正在使用的那个容器不一定是满的，却非常接近。

问题八：物料系统如何运作？

Apex 管理层选择看板卡作为拉动信号，规划好了物流配送路径、配送频率，并且确定了系统中看板卡的数量，接下来的任务就是开始实施。他们先从 14 号生产单元的零件 #13456 开始，然后推广到其他轻型卡车的产品系列。过程中，Apex 管理层很详细地规范了标准作业和物流路径的具体时间来完成这一步。

为了确保物料系统正常运作，Apex 管理层需要：

A. 确定物流路径上的每个工作步骤的标准作业和时间

B. 计算完成配送单个生产单元的所有零件的时间

C. 将其他生产单元加入配送路线中

A. 确定物流路径上的每个工作步骤的标准作业和时间

与生产单元里的工作一样，物流路径上的物料水蜘蛛的工作也应该标准化，这样才能提高效率，并且可以持续改善。Apex 管理层明确了物料水蜘蛛的主要工作内容，包括零件配送、空容器及看板卡片回收，并为每个步骤设定了标准工作时间。这些数据可以用来计算 Apex 工厂内的配送时间。Apex 用于零件配送的标准时间见下表。

Apex 配送标准时间表

1步（2.5英尺）=0.6秒*
运输或驾驶时间（小拖车220英尺/分钟，或2.5英里/小时）=3.66英尺/秒
上车=3.66英尺/秒
下车=3.66英尺/秒
放置/收集空容器上车**=7.0秒/容器
* 这项时间只有当小拖车到POU料架的距离超过10英尺时才加上。 ** 包括从小拖车上拿下容器，走回POU料架，将容器放回POU料架，收集空容器和拉动信号。

这些数据为工厂内开展标准作业奠定了基础，但情况改变时，也需要做一些调整。关键之处在于，对所有工作步骤都需要设定一个标准时间，在经过现场验证之后，后面也必须严格遵守。

同时，还需要制定一个标准工作时间表，来记录所有进行的工作步骤及时间。（Apex 规定物料水蜘蛛的休息时间、午餐时间与他们服务的生产单元的操作员保持一致。）

配送路线标准作业表

	站点	动作	零件	停靠时间	驾驶时间
1	从超市到第一个站点（14号生产单元）	运输零件，收集空容器和拉动信号	13598，13224 13997，13448 13215，13456	180.0秒	27.32秒
2	从14号生产单元到超市				21.86秒
3					
4					
5					
6					
总计				180.0 秒	49.18秒
总运输时间				229.18 秒 (3分49秒)	

同时，Apex 管理层要求装车也要按照标准作业来操作。他们根据卸货点在配送路线上的顺序，确定每种零件在小车上的最佳位置，并用胶带进行标志。零件在小车上排列有序，物料水蜘蛛只需要用最少的动作和时间就可以将零件放在 POU 料架上。比如说，需要配送至通道右侧的零件都摆放在小车的右侧。

14号生产单元所使用的零件被标准化地装载在物流小拖车上

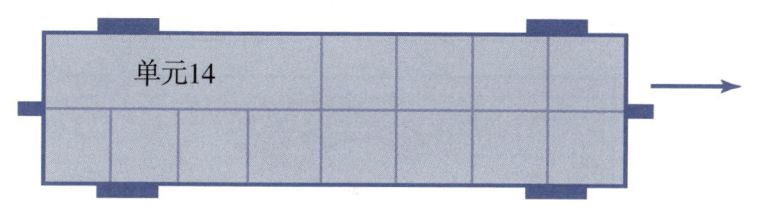

单元14

放在小拖车左侧的零件被运输到过道的左侧，
放在小拖车右侧的零件被运输到过道的右侧。

配送车上的零件位置

拣料的标准时间

Apex 要求从外购件超市拣料装车的总时间不超过总配送时间的 33%。过去，Apex 的许多供应商采用了可折叠的纸板包装箱，超市保管员拆箱的时间也因箱子的种类而各不相同，因此并没有精确地测量每种零件的拣料时间。现在供应商开始采用可回收的包装箱，这样就不再需要拆箱了，Apex 就可以像计算配送时间那样，精确地计算零件的拣料时间。

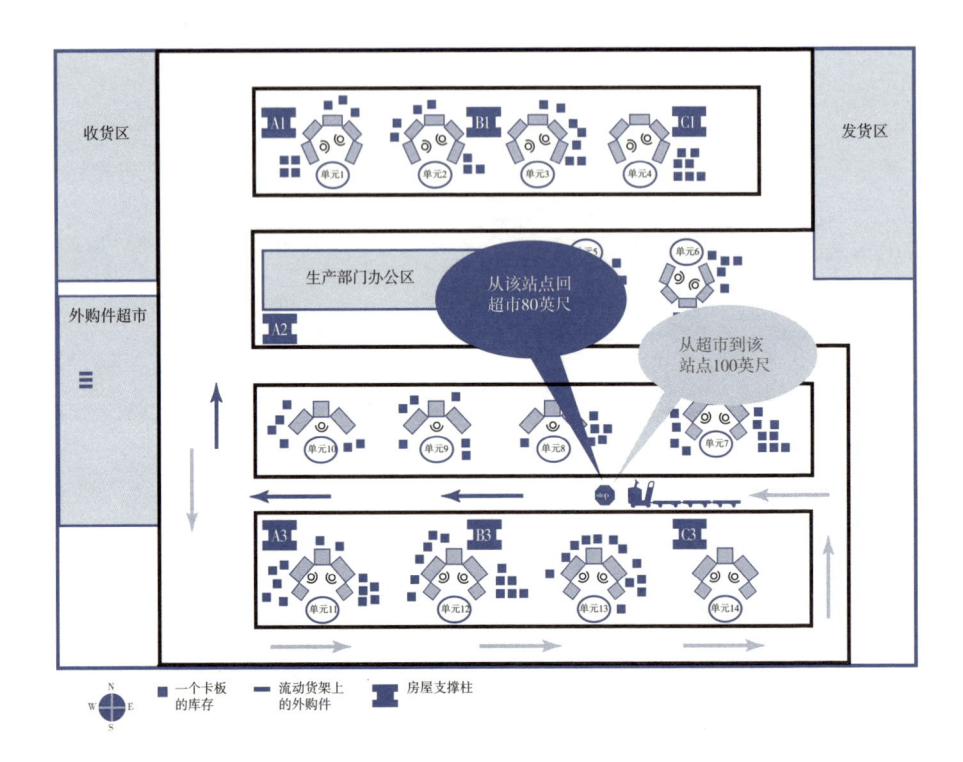

Apex——到 14 号生产单元的配送距离

B. 计算完成配送单个生产单元的所有零件的时间

通过前面计算出的标准时间，Apex 管理层可以确定配送一种零件（如零件 #13456）到 14 号生产单元停靠点所需的时间。他们之所以选择这个生产单元，是因为在轻型卡车产品系列里，这个生产单元距离外购件超市最远，这样计算全配送路程的配送时间就很简单了。Apex 管理层参考工厂的布局图，确定了从外购件超市到停靠点的距离，然后计算出配送时间。

当测定了到 14 号生产单元停靠点的距离之后，就可以开始计算配送零件 #13456 的总时间了。（配送频率和容器大小对计算至关重要，因为这决定了每次可以配送多少个容器的零件，同时可以回收多少个空容器。）

配送零件 #13456 的总时间

到生产单元的运输时间（100 英尺/3.66 英尺/秒）=27.32 秒
下车=3.9 秒
放置/收集空容器（3 个容器/小时 × 7 秒）=21.0 秒
上车=3.9 秒
回超市的运输时间（80 英尺/3.66 英尺/秒）=21.86 秒
总时间=77.98 秒（1 分 18 秒）

Apex 管理层下一步要做的是：计算配送到 14 号生产单元的所有零件所需的总时间。他们所需的全部信息都在 PFEP 电子表格中。

14号生产单元各零件的配送时间表

零件号	品名	日用量	储位	容器每小时用量（箱）	在14号生产单元停靠站的作业时间
13598	金属箍环	690	外购件超市	0.9	6.3 秒
13224	连接器	2760	外购件超市	12.0	84.0 秒
13997	T型软管	690	外购件超市	0.9	6.3 秒
13448	阀门	690	外购件超市	6.0	42.0 秒
13215	金属管	1380	外购件超市	1.8	12.6 秒
13456	软管	690	外购件超市	3.0	21.0 秒
	14号生产单元总运输时间				172.2秒（2分52秒）

* 注意计算中我们使用的是每小时运送容器的平均值，虽然没有人运输非整数的容器（比如：0.9箱容器的货物）。这样做的原因是，许多零件按不同的数量都在该线路上同时运输。比如，运输紧固件的同时也运输了一个容器的管子（零件#13215）。如果我们每次都进位取整来计算总的运输容器，那我们会过高估算总运输量。

通过将14号生产单元的配送时间加起来，Apex管理层就可以计算出这个生产单元的配送时间了。其他生产单元的计算方法是一样的，只是每种零件的配送、空容器和看板卡回收的时间不同而已。

为 14 号生产单元配送的总时间

到生产单元的运输时间（100 英尺/3.66 英尺/秒）=27.32 秒	
下车=3.9 秒	
放置/收集空容器=172.2 秒	
上车=3.9 秒	
回超市的运输时间（80 英尺/3.66 英尺/秒）=21.86 秒	
到 14 号生产单元的总运输时间=229.18 秒（3 分 49 秒）	

我们可以看到，一个物料水蜘蛛每小时只需要不到 4 分钟的时间为这个生产单元进行补料，很重要的一点是，路上配送的时间只有 49.18 秒（27.32 秒 +21.86 秒）。

C. 将其他生产单元加入配送路线中

Apex 管理层计划将轻型卡车产品系列的其他生产单元也加到这条物流路径上。增加 4 个生产单元（11、12、13 和 7），需要多 688.8 秒来进行配送，在 POU 料架上料并回收空容器和看板（4 个生产单元 ×172.2 秒）。同时，Apex 需要增加物料水蜘蛛上下牵引车的时间。因为这 4 个生产单元只需要多停一个站，因此只增加了 7.8 秒（1×7.8 秒）。生产单元 7、13 与生产单元 14 合用一个停靠点，11、12 号生产单元共用另一个停靠点。所以 4 个生产单元加起来只增加了 696.6 秒（688.8 秒 +7.8 秒）。

因为这 4 个生产单元和 14 号生产单元使用的是同一个外购件超市，所以配送的路线并没有增加。（如果配送路线超过了现在 5 个生产单元的范围，就需要考虑增加配送路程的距离以及配送时间了。）

轻型卡车产品系列的配送时间

14号生产单元的运输时间	229.18秒
生产单元7、11、12、13的额外运输时间	696.6秒
轻型卡车产品系列的总运输时间	925.78（15分26秒）

将这些数据加起来，物料水蜘蛛只需要 15 分 26 秒（229.18 秒 +696.6 秒）来完成轻型卡车产品系列的所有零件配送、空容器及看板卡回收。Apex 管理层对实际作业过程进行了验证，证明了他们的计算是正确的。

当计算的正确性得到了确认后，Apex 管理层准备启动第一条物流路线，在实践中积累经验。他们尽量将任务简单化，集中精力选一个简单的产品系列做试点，建立 PFEP，很快就创建了一套精益物流系统，并密切观察其日常运作。相较以往，这可是前所未有的尝试和学习。

毫无疑问，精益物流系统的成功对管理层和操作员的影响非常深刻。刚开始时，管理层和操作员都担心如何在一个大批量生产的工厂里尝试实施精益物流，在实验的同时，Apex 的其他产品系列仍然延用有很多不可避免的混乱的大规模生产方式。重要的是，初期的成功有力地回应了"在这里行不通"的争论，鼓舞了 Apex 的改善团队，坚定了他们继续向前并在全厂推广的决心。

扩大物流路径，提升物料处理效率

Apex 下一步要做的就是优化初期的配送路线。尽管现在轻型卡车产品系列的配送路线运行良好，不仅消除了大批库存，而且还减少了三个物料水蜘蛛（被指派到精益改善小组去帮忙推广精益），但效率仍有待提高。在"单人拣料和配送"的系统里，物料水蜘蛛只用了 16 分钟配送零件，而原来的估算时间是 37 分钟；1 小时的配送频次里面，在外购件超市拣料装车只用了 6 分钟，而原来的估算时间是 20 分钟。

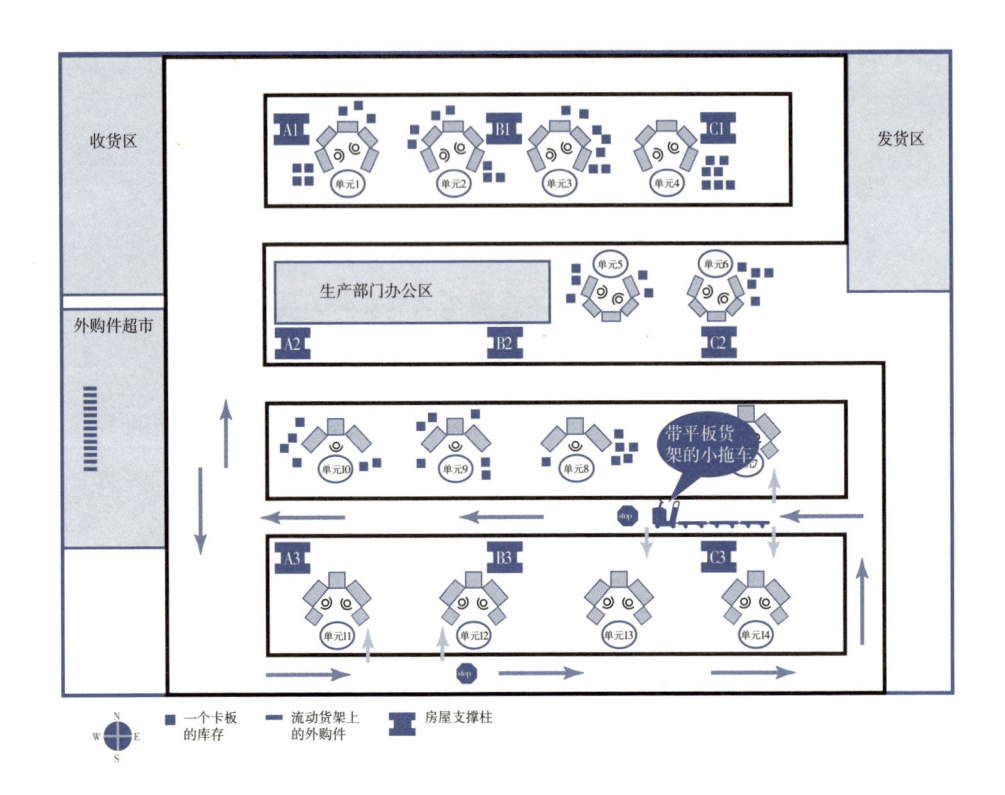

Apex——轻型卡车系列物流路线

因为 Apex 管理层选择了 1 小时的配送频次，他们很快发现，配送路线上还有空余的 21 分 34 秒可以用来配送零件，同时有空余的 14 分钟可以在外购件超市取货。

1 小时配送频率有多少时间是可用的？

可用时间	（57分*−20分上货时间）=37分（2220秒）
驾驶时间	（180英尺/3.66英尺/秒）=49.18秒
在生产单元的时间	（37分−49.18秒）=36分10秒（2170.8秒）
轻型卡车产品系列（5个生产单元）作业时间	（172.2秒×5个单元）=14分21秒（861秒）
轻型卡车系列2个运输站点的时间（上下车）	（2站×7.8秒）=15.6秒
1小时回路的未用时间	36分10秒−（14分21秒+15.6秒）=21分34秒（1294.2秒）
*Apex希望增加该运输回路上的生产单元，但不增加运输路程和运输时间	

工序流动优先于物料物流

当产品在生产过程中需要经过批量处理工序时，比如需要批量生产为装配单元备料，一般将这个工序配置在价值流的路径上，而不应先考虑物料运作效率的最大化。当然，在不破坏产品流动的前提下，尽量安排在利于提高物流运作效率的地方是最理想的。

为了有效利用配送路线上的空余时间，Apex 管理层决定采取下面几项简单的措施：

A. 选定其他适合加入到这条物流路径的生产单元。Apex 管理层很快选定了汽车输油管产品系列的8、9、10号生产单元。有两个原因：第一，这三个生产单元生产同一系列的产品，并且共享PFEP的数据，这减少了很多PFEP的准备工作。第二，这些生产单元都位于现有的配送路线上，增加这三个生产单元并不需要额外增加配送时间。

B. 添加其他生产单元的零件信息（同一汽车油管产品族）数据到PFEP中（如前所述，这三个新的生产单元需要的零件相同）。

这个产品系列所用的零件与轻型卡车产品系列不同。如果有相同零件的话，那么PFEP就要将新的和现有信息进行合并，外购件超市也必须调整到可以存放更多的零件。

汽车油管的生产单元比较复杂，所需零件大约是轻型卡车产品系列的两倍，但这并不是一个问题。PFEP、外购件超市以及配送路线都能够应付新增零件。

C. 确定新增生产单元零件的最高库存量，并计算外购件超市用来存放零件的空间。

基于这些数据，Apex 管理层开始在外购件超市为新增生产单元的零件规划存放空间。因为当初设计超市布局时，已经为将来的扩充预留了空间，所以很快就为新增零件做好了安排。

D. 为汽车油管的生产单元的每种零件确定看板数量。

E. 确定汽车油管生产单元的配送时间。

F. 将这些汽车油管生产单元增加到物流路径上，并考虑因新增停靠点而多出的额外时间。（增加 8、9、10 号生产单元不需要增加额外的配送时间，因为现有轻型卡车系列的配送路线在返回外购件超市的路上同时经过些生产单元。）

创建好 PFEP 数据并确定好外购件超市的空间之后，Apex 管理层计算出每个汽车油管生产单元需要 7 分 4 秒的配送时间，那么将这三个汽车油管的生产单元也加入到配送路线中来的话，需要 21 分 12 秒。两个额外的停靠点增加了 15.6 秒（2×7.8 秒），因此，总的配送时间为 21 分 28 秒。理论上，Apex 规划了一条可以同时服务 8 个生产单元的物流路径，总时间需要 36 分 54 秒（15 分 26 秒 +21 分 28 秒）。

Apex 管理层试运行了包括新增的 3 个生产单元的配送路线，

并确认一个物料水蜘蛛可以在 1 小时内同时为 8 个生产单元服务（2 个完整的产品系列）。实际配送加上补料时间最初平均为 40 分钟，外购件超市拣料装车时间为 15~17 分钟。这不仅充分利用了运输路线，而且物料水蜘蛛的时间利用率达到了 95%，和以前每个生产单元都有自己的物料水蜘蛛相比，这样做大大地提高了效率。

精益物流的间接好处

采用精益物流系统有很多间接的好处：生产单元周围的过道和区域更加整洁、通畅，没有无用的零件库存，也没有废弃的包装材料；处理供应商包装容器的工作改由外购件超市保管员负责，不再由生产操作员完成，也就不会因此干扰操作员的连续作业，各司其职，有条不紊。

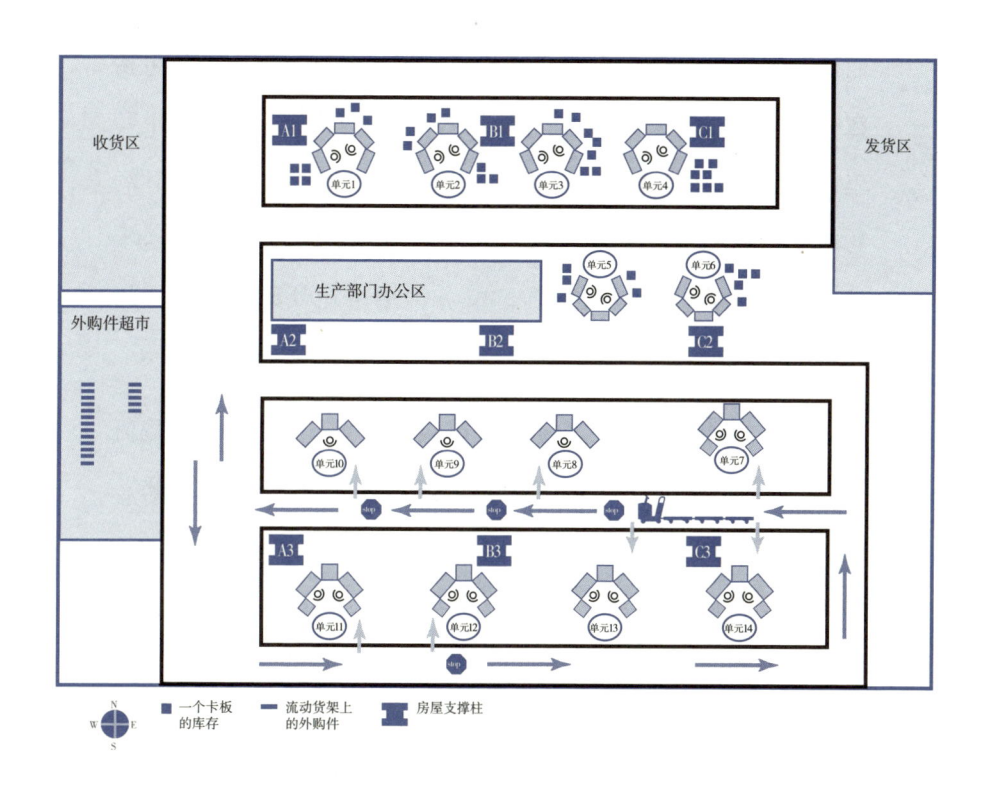

Apex ——一条完整的运输路线

将精益物流系统推广全厂范围

随着工厂的南面区域已经实现了 1 小时的"单人拣料和配送"方式，Apex 管理层将注意力集中到其他 6 个生产单元。他

第四部分　规划物流配送路径和信息管理系统 / **117**

们按照建立第一条配送路线的步骤，将6个生产单元一起包括在一条配送路线上。因为有了经验，他们很快就为这6个生产单元建立了每小时配送一次的"单人拣料和配送"的配送路线。物料水蜘蛛的工作负荷只有41分钟，其中29分钟用来配送零件并回收空容器和看板卡片，12分钟用来在外购件超市拣料备料。

Apex将继续运行这两条配送路线直到所有的工作都平稳流畅后，再通过改善来实现更短的配送时间。如果Apex可以将总配送时间（不包括超市拣料时间）降到大约57分钟，现在的配送时间大约是69分钟（南线40分钟+北线29分钟），他们就可以试着将这两个"单人拣料和配送"路线合并成一个"两人分别拣料和配送"的路线。在这个新的配送路线中，物料水蜘蛛只负责配送与补料，而超市保管员则负责拣料备料。通过这样改善，全厂的物料水蜘蛛可以从原来的14人减少到2人，同时超市保管员还有空余的时间从事其他工作，比如将零件从收货区转移至外购件超市。

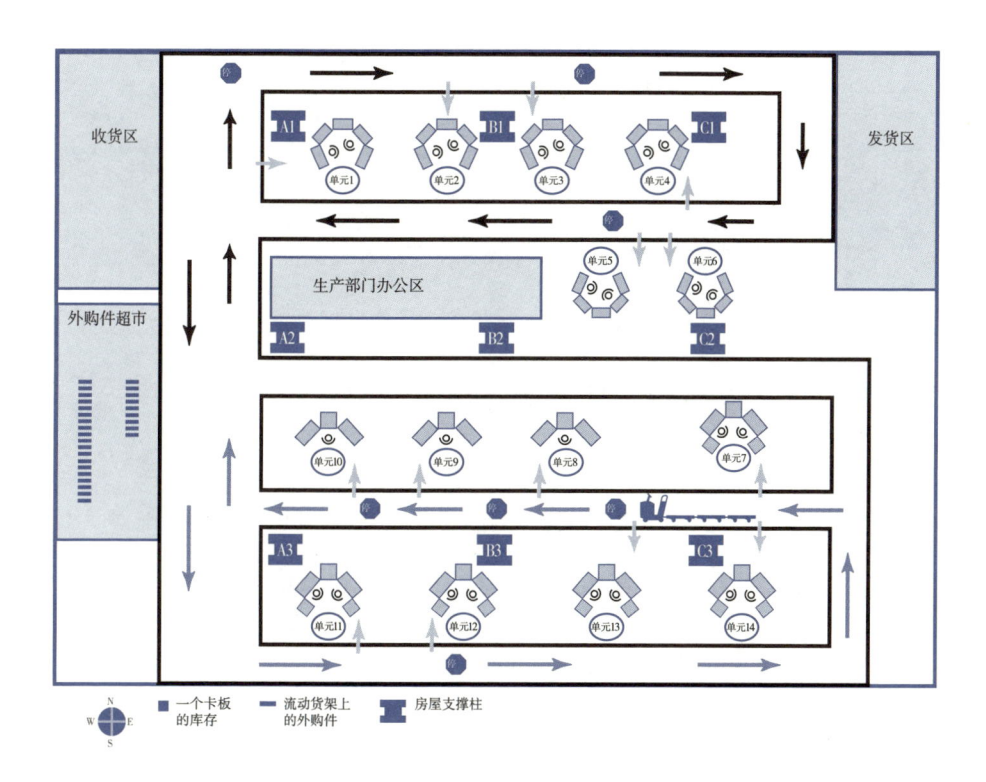

Apex——两条配送路线同时运行

设计精益配送路线的成功要诀

● 在工厂内规划物流配送路径,并指定单向或双向运输通道。

● 物流路径必须穿越工厂并最终返回外购件超市。

第四部分　规划物流配送路径和信息管理系统 / 119

- 合理规划停靠点和使用点，使物料水蜘蛛的增值工作最大化。

- 按小时配送频次开始，持续优化，争取配送路线总工作负荷达到 57 分钟左右（效率高达 95%）。

- 外购件超市拣料备料时间不多于总时间的 33%。

- 物料水蜘蛛在路线上行驶时间不超过非装货时间的 33%。

- 明确拉动信号是移动物料的唯一指令，没有拉动信号就不允许移动任何物料。

- 制定标准作业流程：明确使用容器内的第一个零件时就取出看板卡片，补货基于回收的看板数量。

- 物料水蜘蛛与生产单元操作员作息时间保持一致。

- 制定严格的标准化作业流程，消除配送过程中不必要的动作浪费。

- 遵循特定的物流路径与频次，尽可能不干扰物料水蜘蛛的标准作业。

第五部分　保持成果并持续改善

第五部分　保持成果并持续改善

保持成果并持续改善

问题九：如何继续维持精益物流系统带来的成果？

现场检查的三个重点

紧密衔接的管理架构

问题十：如何识别并消除浪费？

精益物流系统持续优化

工厂重新布局的机会

保持成果并持续改善

我们以 Apex 为范例,一步步地阐述了如何建立精益物流系统。从一个生产单元开始,推广到一个产品族,最终 Apex 在全厂范围内实施了精益物流系统。Apex 管理层认为这种逐步推进的策略具有挑战性,但也是取得成功至关重要的一步。

这是一个巨大的成功,生产管控部门、制造部、工程部对取得这样的成就,以及大家通力合作的团队精神感到自豪。然而,这只是万里长征迈出的第一步,精益物流系统能否继续顺利地运行下去,同时,通过持续改善不断优化流程,降低库存,还有很多困难在考验着大家。

问题九:如何继续维持精益物流系统带来的成果?

过往的经验告诉我们:维持精益转型最有效的办法,就是日常管理以及系统的周期性检查。

在 Apex,日常管理意味着主管每天都要到现场观察精益系统实施情况,以确保标准工作贯彻执行,并用可视化的工具来记录问题,通过绩效指标进行监控和跟进。例如,生产管控经理每天花 1 小时，观察配送路线上的各个环节以及外购件超市。精益物流小组成员，包括物料水蜘蛛、超市保管员以及现场班组长，在每天轮班结束之后都要碰头讨论当天的问题，并在外购件超市设立可视化的问题跟进板。Apex 同时设计了绩效考核指标，并按每班、每天、每周和每月进行追踪，主要的 KPIs 包括配送（外购件超市和生产单元缺货情况）、效率（标准配送时间匹配度）和安全（工伤事故报告）。

日常管理有两个目的：首先，确保 PFEP、外购件超市、配送路线和拉动信号都按标准作业执行；其次，发现改善的机会。

由来自不同部门的管理层，包括生产管控部、制造部和工程部组成的团队，周期性地到现场观察是最有效的稽核方式。通过这种方式可以向员工传递一个信息，持续改善必须通过自身努力，不能依靠外部力量。

Apex 管理层通过五个步骤来实现一项严格的周期性现场检查制度：

（1）首先向每名员工说明检查的目的，并解释现场检查是一个简单有力的工具，可以推动持续改进。管理层的标准作业和物料水蜘蛛与超市保管员的标准工作相辅相成。

（2）Apex 培训了不同级别的管理层如何执行现场检查，并强调检查的重点是流程而不是员工，而且每次检查的结果都需要分享出来，供大家参考。

（3）采用"做中学（Learning-by-doing）"的方式来培训员工如何做检查，这对精益概念的传授特别有意义。上一级领导培训下一级领导做现场检查，并要求人人需要完成一张检查表。

（4）每次检查结束之后，参与人员都集合在一起分享检查结果。由于都接受过培训且熟悉精益物流系统，所以很容易就问题的现状及改善达成共识。

（5）针对现况与目标之间的差异形成改善计划，明确具体问题，指定责任人，预计完成日期，并将信息共享给团队。

尽管早期的问题解决比较困难，但如果 Apex 不严格遵守这些准则，就等于告诉员工"虽然制定了标准，但不遵守也没有问题"。那么当初为了建立这些系统所付出的所有心血都将付诸东流。

现场检查的三个重点

Apex 管理层决定将这三个方面作为周期性现场检查的重点：外购件超市、配送路线和拉动信号。

外购件超市现场检查

当初建立外购件超市的时候，Apex 管理层仔细地规划了每种零件的容器和存储位置，并进行了标志，而且定义了最高和最低库存量。但是通过现场检查外购件超市的运作之后，很快就发现一些零件的位置规划不合理，员工宁可将零件放置在地面，也不放到物料架上；部分物料架并没有明确地标示出具体位置；一些零件的最低库存量也没有明确下来。

这些都不是小问题！Apex 管理层很快就发现定期检查可以发现问题，并且立即采取改善措施。他们指派超市保管员每天在外购件超市巡察，同时也清醒地意识到只要外购件超市运行一天，检查就是必要的。

此外，Apex 管理层还要求生产管控部门的主管和外购件超市保管员一起每周完成一次书面的检查报告，并设计了一张简单的表格每周分享结果。现场检查是管理标准作业的一个关键步骤，所以他们制定了一个规则：即使每天加班也一定要进行现场检查，并每周进行一次书面报告。

外购件超市现场点检表

检查问题	是	否	改进方案
是否公布了物流配送路线图？			
是否公布了运输时间及执行情况？			
所有的物料是否都在规定的地点？			
运输路线上是否清楚地标定了下货的地点？			
是否设置特定区域以放置垒货的小车？			
是否清楚标记回收容器的收集站？			
看板回收箱是否在使用？			
是否清楚标记一次性包材的存放地？			
所有货架是否都有标记？			
所有的最小库存量是否都已确定？			

配送路线现场检查

Apex管理层明白物流配送路径需要靠纪律来维护；如果不定期检查，有些物料水蜘蛛可能会配送不必要的零件。比如在早期实施的时候，一个物料水蜘蛛想多休息一会儿，所以每次会多配送15分钟的零件。这看似没有什么问题，但如果对这种行为不及时制止，那么系统很快就会面临严峻的考验。类似地，在配送途中，物料水蜘蛛常常会被别人拉下来讨论问题。需要注意的是，即使是厂长也不能耽误物料水蜘蛛的时间，因为这可能影响整个作业流程。"准时配货"是决定精益物流成功与否的关键要素。

Apex 配送路线现场点检表

配送路线检查问题	是	否	改进方案
运输车上是否有运输路线图？			
运输车上是否有日志簿？			
运输路线图是否是最新的，并标记了更新日期？			
是否标记了所有停车站点？			
是否标记了所有物料的送达点？			
拉动信号、回收空箱、一次性包材是否都放置在适当的位置，且便于回收？			
运输通道是否整洁，以供快速、安全地运输物料？			
运输员是否有标准作业指南？			
运输员是否遵行标准作业？			
所有物料是否都被放到指定的料架上（例如：没有物料堆积在地上）？			
最小/最大库存量是否被清楚地标志在使用点料架上并严格执行？			
运输员的作息时间是否与生产部门一致？			
运输员的工作时间是否达到95%的效率（针对单人拣料和配送模式）？			
目前的运输时间/人工利用率是否有记录可供参考？			

现场检查配送路线和检查生产单元的原理相似,不同级别组成的团队,包括物料水蜘蛛、班组长、生产管控部门经理,一起到现场检查是最有效的方法。

Apex 配送路线现场点检表供你参考,我们建议你根据贵司的实际需要加以修改,并每周将结果定期共享。

现场检查拉动看板

现场检查拉动看板是诊断精益物流系统是否正常运行的一个关键。在实施初期,Apex 管理层规定物料水蜘蛛每天都要检查配送路线,重点关注每种零件的拉动看板卡,目的是确保每张看板卡都在其正确的位置上。

检查拉动看板卡的方法有很多,Apex 管理层通过一张图表来进行点检,这是一种非常简单的方法。这张表格中显示了零件编码以及每种零件拉动看板卡的数量。14 号生产单元的拉动看板卡参见下页表。

每周一次,现场负责配送的主管可以通过这个简单的表格来检查每个零件看板卡是否异常。每查完一个就用笔在表格对应的卡片号上画个记号。如果卡片没有记号,说明这张看板卡丢失了，需要立即采取纠正措施。

拉动看板卡点检表

拉动看板卡点检表									
日期：8/11/03									
检查员：Joe Smith									
检查区域：#14单元									
零件号	系统中的卡片								改进方案
13598	1	2	3						
13224	1	2	3	4	5	6	7	8	9	对新操作员进行拉动信号的培训
13997	1	2	3						

现场检查最好是在配送路线不运行时进行，比如物料水蜘蛛的休息或午餐时间。沿着配送路线走一圈，点检所有的拉动看板卡。如果太忙做不到，就要和物料水蜘蛛协调好时间，在完成配送返回到外购件超市时，点检并记录所需要的信息（这个必须快，不能因此延误下一次配送循环）。当检查者点检完外购件超市的拉动看板卡，剩下的就只有生产单元上的看板卡，要么在看板卡回收槽内，要么随附在零件上。

通过快速观察，在外购件超市拣料装车的时候，检查组就能够确认拉动看板卡是否使用得当。由于严格的时间安排，主管应该清楚地知道任何一段时间里物料水蜘蛛所在的位置。

针对现场检查过程中发现的任何问题都必须快速找到原因并及时纠正。如果一个拉动看板卡片不见了，就有可能导致生产单元停线，所以每个人都必须意识到正确使用看板卡的重要性。

在工厂里实施拉动需要一种全新的思维方式，正确处理拉动看板卡对拉动的成功实施至关重要。Apex 管理层发现在精益物流实施的初期，每天进行点检是必要的。当精益物流系统稳定下来之后，才有可能逐步将点检频率降至每周一次。后续，再根据点检的结果来决定点检的频率。

紧密衔接的管理架构

建立一个多层级、职责明晰的管理架构，从物料水蜘蛛到工厂负责人，各个层级共同按照各自的频率执行检查，将有助于精益物流系统的成功运行和持续改善。

物料水蜘蛛：每天都要对配送路线进行检查，除非发现问题，否则不需要进行记录。物料水蜘蛛首先要确保自己按标准作业执行，其次需要确认配送路径是否通畅，是否都有看板卡，有没有什么异常情况。

物料水蜘蛛对这些问题进行自我检查，如果自己对这些答案不满意，就应该立即通知主管。物料水蜘蛛自身的工作需要严格遵守时间，因此必须在配送的同时进行检查。

主管：每天监督物料水蜘蛛是否进行了检查，并且预留时间做一次配送路线的过程检查。通过这种方式，主管能清楚掌握物流配送的现状及改善的方向。

生产管控经理：每天监督主管是否完成了检查工作。对主管来说，这也是一次向上反馈问题的良好时机。生产管控经理每周都要和主管一起随机抽查一条配送路线。经过这些简单的步骤，工厂里每个员工都能意识到检查的重要性。

工厂负责人：Apex 的厂长每个月都会和生产管控经理及主管一起检查一次全厂的配送路径，同时，这也是生产管控经理向厂长反馈问题的好机会。比如：生产操作员有没有正确地取出看板卡；通道是否被阻塞了。当这些异常在现场真实呈现出来的时候，更容易引起厂长的注意。

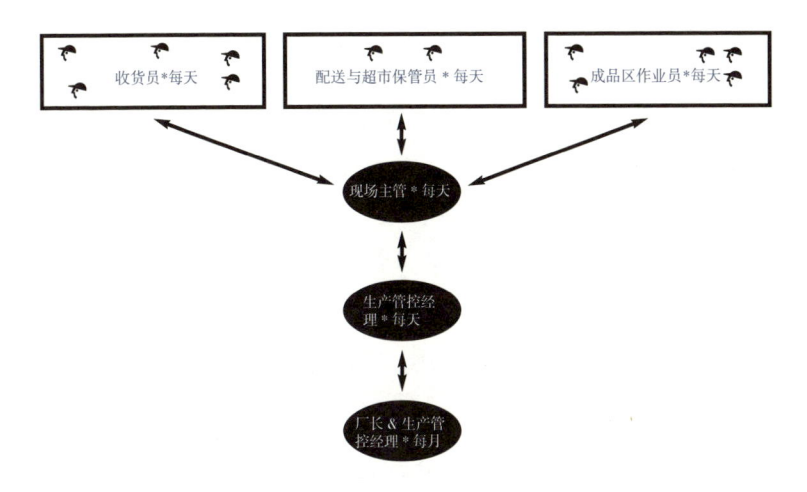

```
┌─────────────────┐   ┌──────────────────────┐   ┌──────────────────────┐
│  收货员*每天     │   │ 配送与超市保管员*每天  │   │  成品区作业员*每天    │
└─────────────────┘   └──────────────────────┘   └──────────────────────┘
         ↖                    ↑                          ↗
                        ( 现场主管*每天 )
                              ↕
                        ( 生产管控经
                          理*每天 )
                              ↕
                        ( 厂长&生产管
                          控经理*每月 )
```

Apex 的物流责任链

问题十：如何识别并消除浪费？

精益物流系统有两个改善方向：物流路径的持续优化和库存降低。

物流路径的持续优化

如何持续优化物流配送路径？最有效的步骤如下：

● 通过不断增加、优化配送路线上的工作内容，或者合并不同的配送路线，以提升物料水蜘蛛的工作效率到 95%。

● 观察物料水蜘蛛放置零件的步骤，通过改善 POU 料架的设计，节省放置零件的时间，以提高物料水蜘蛛的作业效率。

● 改善配送方式，使物料水蜘蛛在特定时间内能服务更多的生产单元；比如将步行、自行车配送改成利用牵引车配送，以方便物料水蜘蛛操作。

● 当工厂业务发生变化的时候，考虑"单人拣料和配送"或"两人分别拣料和配送"的方式，以建立更高效的配送路线。比如随着更多生产单元的加入，可能需要改变配送路线等。如果有一个完整的PFEP系统与外购件超市，这样的改变就会比较容易实现；每一次改变都有机会发现更有效的配送路线。

当寻找改善机会的时候，请不要忘记征求物料水蜘蛛的意见，因为他们每天工作在现场，是提出改善建议的最佳人选。

库存降低

Apex在实施精益物流系统的初期，库存量往往比实际需求的多一些；这是生产管控部门为了确保生产单元能持续稳定运行而做的准备。多余的库存量可以随着系统的稳定而逐渐降低。

降低库存可以从两方面着手：首先是内部，通过检查拉动看板卡和外购件超市，生产管控部可以发现是否有多余的库存。

外购件超市的库存量如果未接近最低库存量（库存现状如下图所示），就表明有改善机会。一种有效的方法是降低最高库存量，以此来逐步减少库存。

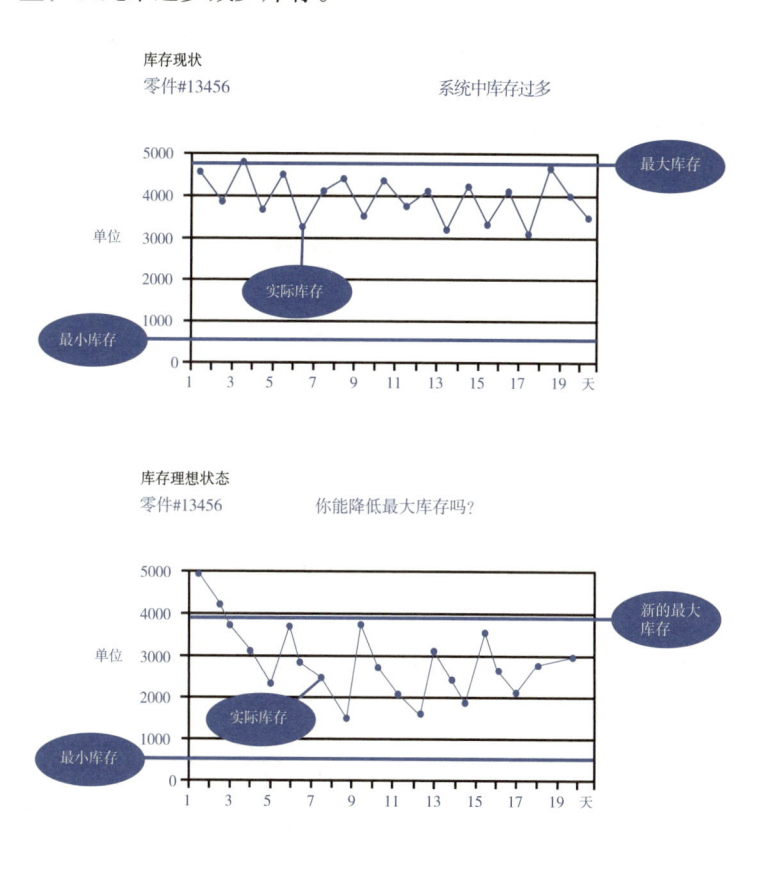

库存现状
零件#13456　　　　　　　　系统中库存过多

库存理想状态
零件#13456　　　　　　　　你能降低最大库存吗？

降低库存的机会

其次是减小容器的尺寸。Apex管理层注意到在1小时间隔的配送路线上，大部分零件的包装都超过生产单元1小时的需求量，而给系统增加了不必要的库存，造成了浪费。此外，大容量的容器也可能搅乱整个精益物流系统的平衡作业。

举个例子，Apex的生产管控部门注意到6号生产单元的零件#65441每小时需要100件，但是标准容器可以容纳300件。这样，物料水蜘蛛每3小时才需要进行配送，这表示生产单元存放了2小时的多余库存。降低这些零件的标准包装尺寸到相当于1小时的需求量或者更低，可以消除精益物流系统中的浪费。

小批量配送有下列优势：

● 提高将物料直接从外购件超市送到操作员手边的可能性；

● 降低容器的装载重量，更符合人体工程学的需要，并减少叉车搬运的可能性；

● 将每个生产单元的零件在线库存量降至2小时的理想目标（每小时送货一次，线上有2小时库存）；

● 减少零件存储空间，最大限度地扩大生产空间。

小批量的另一个好处是，通过匹配成品包装数量可以更有效地控制生产的节拍。比如，2 号生产单元的成品标准包装数量是 300 件；零件 #99800 的用量是每小时 100 件，其 60 件的标准包装容量可以满足生产要求（标准包装容量小于按小时配送的需求量）。尽管零件的标准包装容量与成品的标准包装容量不同，但是完成整箱成品正好等于 5 个 #99800 标准容器的量，还是可以相互匹配的。

此外，当不同产品换型时，剩余的物料和物料箱则需要移走，小批量的好处在于可以减少这些没用完的物料数量。因为换线时间总是无法设定在最完美的时刻，因此很难做到剩余物料完全清零；但总的来说，这些未装满的容器数量和剩下的物料会持续地降低。

要想实施小批量配送，生产管控部门必须和采购部共同努力，特别是在新产品导入的时候，要改变传统的采购方法，尽量减少工厂里过量的库存。（传统的采购往往用最大的量来换取较低的价格，却忽略了存储及搬运的成本。）

生产管控部需要和采购部一起检查 PFEP、外购件标准包装数量与成品包装数量的比率，以及生产单元的实际需要。这些数据可以指导供应商如何减少零件标准包装数量；在供应商采用较小的包装容器之前，Apex 管理层发现在外购件超市将大容器转换成小容器会更加经济，因为这样做虽然会增加一些小额的物流开销，但可以降低包括存储在内的总生产成本。

精益物流系统持续优化

在实施周期性的现场检查的同时，Apex 管理层还特地组建了从进货到出货，端到端的价值流改善团队，由来自生产管控部、制造部和工程部的代表组成的三角形跨部门的持续改善团队。这个改善团队每 30 天要针对公司当月的库存进行检查，并对总体库存金额排在前 5 名的零件提出下列问题：过去 30 天实际的库存量与定义的最高和最低的库存量有多大差距？最高库存量可以降低吗？哪些零件的标准包装数量可以考虑改小？

价值流改善团队的下一行动计划就是回顾过去 30 天绩效指标的情况，并检查是否有需要修改或者可以改善的地方。物料水蜘蛛的效率提高了多少？还能再提升吗？需要增加新的配送路线吗？是否可以采用"两人分别拣料和配送"的方式？需要增加停靠点吗？有什么新的业务增加需要改变配送路线吗？

价值流改善团队应调动物流系统不同层级的员工积极参与，

群策群力，推动精益物流系统持续改善。

工厂重新布局的机会

精益物流系统将车间的库存尽可能地减少，并腾出空间，确保零件被及时配送至生产单元，因此，Apex管理层开始考虑重新规划未来的工厂布局，特别是当生产需要更大空间的时候。Apex将原来按照设备类别组成加工群的这种工艺专业化的布局改变为连续流的生产单元，再加上通过建立精益物流系统，腾出了工厂一半的空间供新的业务使用。这样，不仅整个精益物流系统的配送时间会减少，成本也会大幅度降低（参见下页图）。

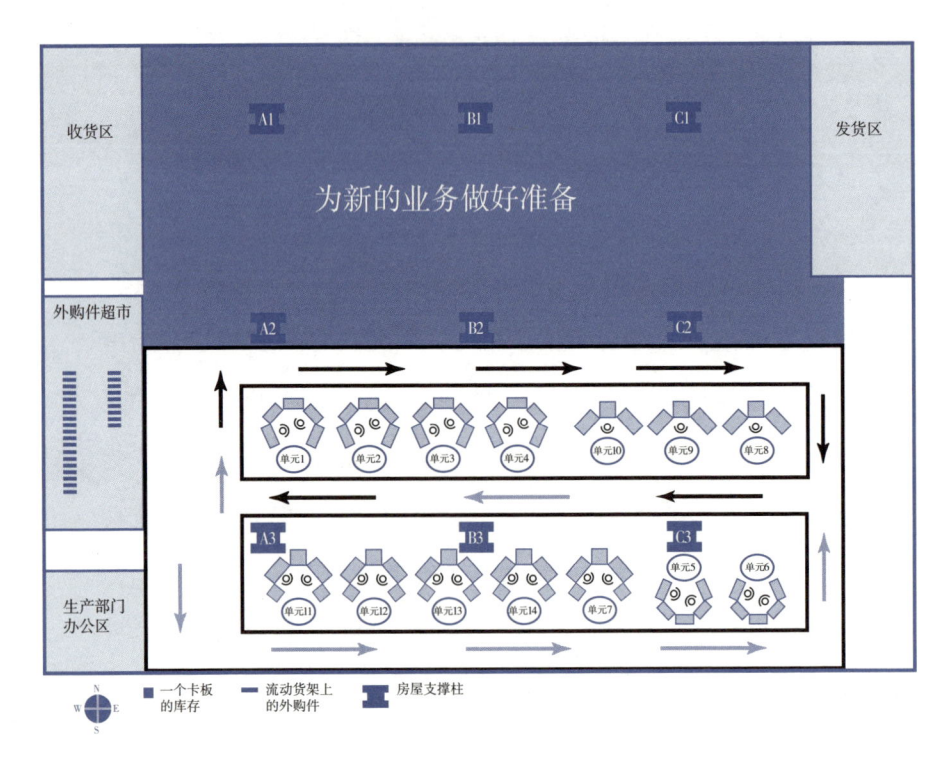

Apex——重新布局释放了更多的生产空间

总结

这本工具书阐述了精益工厂的另外一部分，精益企业研究院（LEI）以前的几本工具书都聚焦工厂内和供应链端的价值流，以及创建连续流的生产单元。《精益物流》的重点是通过物料流动来支持连续流的生产单元，这对降低和控制库存至关重要，向精益工厂又迈进了关键的一步。

在第一部分，我们介绍了 Apex 的库存和库存管理的现状，以及管理层为工厂设定的目标。实施精益物流系统之后，几乎实现了所有的目标。尽管由于供应商的问题导致库存周转率还不理想，然而，随着时间的推移，这种情况肯定会得到改善。Apex 已经将目光瞄向供应商，寻求在价值流上游推动精益物流改善。

Apex 的精益物流系统

	现状	目标	实际
物料运输员人数	14	5	5
寻找零件时间占工作时间百分比	10%~15%	0%	0%
库存在生产空间比率	20%	1%	1%
全厂库存周转率	8	15	14
生产单元的库存	2~3 天	2 小时	2 小时
运输用的叉车数量	7	0	0
每年叉车事故量	3	0	0
每班平均产量/每班目标产量	552/690	690/690	674/690
轻型卡车生产单元的每日加班量	2 小时35分钟	0分钟	12分钟
全厂每周加班支出	$19500	$0	$1500
每周总的加急快递运费	$1400	$0	$100

Apex 目前正考虑导入一个从生产单元到发货区的成品运输路线，最初设定也是按固定的时间间隔来试点运行。一旦这个系统建立起来，就可以更有效地降低库存，并为日后引进成品超市、均衡生产打下基础。

Apex 的例子表明实施精益物流系统需要详细的数据和计算，随着系统的逐步改善，除了需要重新计算之外，还需要管理层的持续关注。我们建议你实施精益物流系统时，需特别注意以下几点：

（1）为每个零件做计划（PEFP）：PFEP数据库是降低库存的基础。如果一开始就花时间建立一个完整的PFEP，会为日后实施精益物流系统奠定坚实的基础。

（2）建立外购件超市：外购件超市是工厂中专门存储外购件的地方，并且每个零件都有固定的位置和定义好的最高和最低库存量。因此，以后再也不会在工厂其他地方看到成堆的零件。一个规划良好的外购件超市可以有效降低库存、管控来料，而且可以杜绝在仓库里找不到来料的情况。

（3）规划物流配送路径：精益物流系统按生产操作员需要的时间和数量，直接将零件送到操作员的手边。一个规划良好、贯穿全厂的物流路径，可以将一个杂乱无章的工厂变得整洁有序，将货物配送至终点站。如果处理得当，这个通畅有序的配送路线不仅可以降低库存、改善物流，还可以提高安全性和整洁度。

（4）设立一个拉动看板系统：精益物流系统可以实现连续

流的生产单元，将所需的零件准时配送至生产操作员手上。其前提是物料水蜘蛛有序地向生产上游发出明确的需求信号。因此，建立一个无干扰的拉动系统需要坚定的信念，这是公司追求的目标，并将为此获得可观的效益。

（5）持续改善：精益生产需要通过不断地检查来持续改善，精益物流系统也同样需要现场检查。如果整个工厂，从物料水蜘蛛到厂长以及跨部门的物流"铁三角"都坚定地执行周期性的检查制度，那么成功就指日可待了。

我们已经分享了实施精益物流系统所需要的信息，希望你在实施精益物流的时候一切顺利。祝你成功！

后记

将精益物流系统应用到你的工厂

Apex 工厂的情况相对简单，同时本书中所描述的精益物流系统只包括了从外购件超市到生产单元。贵工厂的情况可能会比较复杂，比如你可能想把在制品（WIP）超市也加入到精益物流系统中，或者再增加从生产单元到成品超市的运输路线。此外，工厂的产品数量和种类可能与 Apex 的产品完全不同，特别是可能会生产小批量多品种的产品。在这篇后记里，我们将为你提供一些建议，如何在不同的情况下做一些调整，以适用于你工厂的特殊情况。

从在制品（WIP）超市向下一个工序送货

一般来说，工厂需要将半成品运输到下一个生产工序，除非这些产品能按连续流的生产方式被直接送到下一个工序，否则就需要建立一个在制品超市和物料配送系统。在某些情况下，生产单元的班组长或物料水蜘蛛就可以负起这个责任；如果不行，建议你考虑建立一个类似外购件超市的 WIP 超市。至于运输路线，可以考虑将 WIP 超市和外购件超市结合到同一条路线上，或者针对在制品另外建立一条单独的 WIP 运输路线。

如果你决定将 WIP 超市与外购件超市结合在同一条运输路线上的话，就必须设立一个拉动看板系统，其运作方式与前面介绍的相似。当物料水蜘蛛将零件运输到生产区的时候，可以提取补货看板，就像在外购件超市一样，唯一不同的是，物料水蜘蛛将从 WIP 超市提取在制品，并将空容器返回 WIP 超市。

运输成品到成品超市

当你建成了一家外购件超市，并建立了拉动看板系统后，可以考虑将之延伸，从生产单元继续把成品送到出货区附近的成品超市。为了做到这一点，你需要在成品超市与生产单元之间建立起一个拉动系统以及一条运输路线。

这个系统和外购件超市的逻辑是相同的。但合并路线时需要将所有的标准作业都记录下来，并严格执行。如果担心这个决定牵涉太广无法立即实施，也可以采用一个中间的步骤，为 WIP 和成品分别建立起两条不同的运输路线，等 WIP、外购件和成品的运输路线都通畅以后再合并起来。这是 Apex 目前的情况以及日后想采取的解决方案。Apex 可能比其他工厂的操作简单一些，因为目前没有半成品超市的需要。

管理小批量多品种的物料运输

Apex 的大部分工序都是多批量少品种的，这表示产品种类少而产量大。譬如每 60 秒生产一个产品，一般将之视为高产量；如果每 30 分钟或 1 小时才生产一个产品，就算是低产量。少品种表示一个价值流中只有少数的成品型号。一家按订单生产（Make-to-order）的企业往往有较多的产品种类。

虽然 Apex 目前的物流系统是为多批量少品种的生产模式设计的，但同样适应于小批量多品种的价值流，只是方法有些不同。如果要将零件都配送至不同产品系列的生产单元里，就会在生产车间里堆积大量的库存，需要在 POA 添置许多物料架和容器来盛装各种不同的零件。

一个比较好的解决方案是在外购件超市采取"成套送料（Kit）"的方法。Kit 是指按成品的要求，将所有需要的零件集中放置在同一个容器内。这样可以将好几个零件编码整合成一个套件编码，然后再配送至生产区。比如在小批量的汽车仪表盘装配线上，或短期生产的大卡车输油管装配线，就像 Apex 的第四产品族的产品一样，可以采用这种方式进行物料配送。

在处理小批量多品种的价值流的时候，可以将成套送料的价值流整合进既有物流线路中。生产线的管理者需要分析在生产单元里增加料架、库存、空间的成本，与增加一个人在超市中拣料组装成套件的成本相比，哪一个更高。一旦有了结果，其他考虑的因素包括：运输小批量多品种的零件到生产线对生产单元的影响，如何将零件送到操作员手边，以及总成本等。

相较于制造部，生产管控部负责排产，在这种情况下，生产指令只要随着配套零件一起发给生产单元就好。因为根据订单用 Kit 的方式进行物料配送，等于明确告诉操作员："这是订单，这些是完成该订单所需的所有零件。"如果条件允许，Kit 可以由一个人在外购件超市拣料完成，或者在外购件超市内设置一个专门 Kit 备料单元，指定专人负责。如果是第二种情况，拉动信号就要先送给专门负责的人，拣料配套完成后再配送至生产单元。

如果零件太大或太多无法在备料单元里处理的话，可以先拣好零件并放在一个带轮子的物料车上，如果是在一个"单人拣料和配送"的运输路线里，物料水蜘蛛在外购件超市里按照看板卡片拣齐 Kit 所需的零件，然后再配送至生产车间；如果是在一个"两人分开拣料和配送"的路线上，物料水蜘蛛将看板卡放置在适当的地方，由超市保管员拣料完成后，再由物料水蜘蛛配送至生产单元。

在某些情况下，根据零件的特性将 Kit 与补充拉动系统结合使用效果会更好。比如螺栓或者紧固件等小零件可以通过拉动信号直接送到生产单元，但一些较大的及复杂的组装件就可以改用 Kit。经过仔细评估工作量以及零件的运输量，可能会发现小批量多品种物料管理并没有想象的那么复杂。此时拉动信号可能不再只针对某一个零件的容器，而是一个按订单拣料完成好的 Kit。

在许多小批量多品种的情况下 Kit 非常实用，有时并不一定需要一个特定的零件编码，PFEP 可以被视为管理零件最可靠的信息源头。

精益企业中国（LEC）

精益企业中国（Lean Enterprise China, LEC）是一个非营利性组织，2005 年成立于上海，是精益全球联盟（Lean Global Network, LGN）32 个国家会员之一。

LEC 的使命是促进精益思想在中国的传播和实践，帮助企业精益转型，增强竞争力，回馈社会。我们的愿景是建立中国精益知识平台，引领精益人才培养。

LEC 致力于把精益理念和方法引进中国：

·系统性引入精益知识体系：翻译及推出了 34 本精益专业书籍

·凝聚精益同好，共同学习分享：举办了 14 届全球精益高峰论坛

·启动中国企业精益实践的研究：出版了 5 本《精益实践在中国》

www.leanchina.net.cn